Durch Gottes Gnade bin ich wohlauf

Martin Luthers Leben in seinen Briefen

D1697261

für Anneliese
meiner hertzlieben frauen

Durch Gottes Gnade bin ich wohlauf

Martin Luthers Leben in seinen Briefen

Herausgegeben von Reinhard Dithmar

EVANGELISCHE VERLAGSANSTALT
Leipzig

Die Deutsche Bibliothek – Bibliographische Information
Die Deutsche Bibliothek verzeichnet diese Publikation in der Deutschen
Nationalbibliographie; detaillierte bibliographische Daten sind im Internet
über http://dnb.ddb.de abrufbar.

© 2008 by Evangelische Verlagsanstalt GmbH, Leipzig
Printed in Germany · H 7209
Alle Rechte vorbehalten
Gesamtgestaltung: Mario Moths, Marl
Coverbild: Gerhard Gäbler, Leipzig

Druck und Binden: CPI – Clausen & Bosse, Leck

ISBN 978-3-374-02589-3
www.eva-leipzig.de

INHALT

VORWORT

»Ich müsste mir eigentlich zwei Schreiber oder Kanzlisten halten. Denn den ganzen Tag tue ich nichts als Briefe schreiben.«[1] So klagte Luther bereits 1516. In den folgenden 30 Jahren führte er bis zum letzten Tag vor seinem Tod einen intensiven Briefwechsel – insbesondere während der unfreiwilligen Aufenthalte auf der Wartburg und der Coburg.

In der Weimarer Lutherausgabe – nach der ich zitiere – füllt der Briefwechsel elf Bände (und *Nachträge* in Band 12 und eine *Letzte Auslese* in Band 18), obwohl viele Briefe Luthers fehlen, da sie nicht überliefert wurden. Von den Briefen an Luther findet man nur wenige. »Wenn ich allein die Briefe, die man mir geschickt hat, aufbewahrt hätte – ein großes Haus könnte ich damit füllen. Die vielen Briefe sind Zeugen meiner Arbeit.« (TR 3472)

Die vorliegende Auswahl ist thematisch konzipiert. Sie beginnt mit einem Kapitel, das den Reichstag zu Worms und die Schutzhaft Luthers auf der Wartburg dokumentiert.

Die folgenden Kapitel zu Luthers Briefwechsel mit den drei sächsischen Kurfürsten sind wegen ihrer Bedeutung besonders umfangreich. In die Auswahl wurden neben Luthers Briefen auch Briefe der Kurfürsten einbezogen.

In seinen Briefen an die Grafen von Mansfeld wendet sich Luther gegen die wirtschaftliche Unterdrückung der Untertanen und bemüht sich bis zu seinem Tod, die Erbstreitigkeiten zu schlichten.

Die überlieferten Briefe Luthers an Katharina und die Familie werden vollständig nachgedruckt. Die entsprechenden Briefe an Luther sind bedauerlicherweise nicht erhalten.

Luthers Sprache wurde dem modernen Sprachgebrauch angepasst und die lateinischen Briefe und Briefpassagen wurden übersetzt. Den einzelnen Kapiteln und den Briefen werden Kommentare vorangestellt, die für das Verständnis hilfreich sind.

BIOGRAPHISCHER ÜBERBLICK

Martin Luther wurde am 10. November 1483 in Eisleben geboren. Nach dem Umzug der Eltern 1484 nach Mansfeld besuchte er die Mansfelder Stadtschule, die Magdeburger Domschule und die Lateinschule in Eisenach. Seit dem Frühjahr 1501 studierte er an der Universität Erfurt, erwarb den Grad des *Baccalaureus artium* (1502), schloss mit dem *Magister artium* (1505) das Philosophiestudium ab und begann im Frühjahr 1505 das auf Wunsch des Vaters gewählte Jurastudium.

Nach dem Gewittererlebnis von Stotternheim bei Erfurt (2. Juli 1505) trat er am 17. Juli 1505 in das Kloster der Augustinereremiten zu Erfurt ein, wurde zum Subdiakon, zum Diakon und am 4. April 1507 zum Priester geweiht. Am 2. Mai 1507 war die Primiz, die Feier seiner ersten Messe, mit zahlreichen geladenen Gästen, zu der auch der Vater kam, obwohl er noch nicht mit seinem Sohn versöhnt war.

1507 begann Luther das Studium der Theologie in Erfurt, wurde aber im Oktober 1508 von Generalvikar Staupitz in das Wittenberger Kloster versetzt, wo er 1509 den *Baccalaureus biblicus* und *Baccalaureus Sententiarius* erwarb. Im selben Jahr wurde er nach Erfurt zurückberufen und im November 1510 nach Rom entsandt, wo er über die Verwahrlosung der Kirche entsetzt war.

Im Sommer 1511 sandte ihn Staupitz dann wieder nach Wittenberg – wo er bis zu seinem Lebensende blieb – und ermunterte ihn zu einer theologischen Promotion, die Luther als ehemaliger Mönch jedoch nicht bezahlen konnte. Kurfürst Friedrich der Weise zahlte die erforderliche Summe von 50 Gulden.

1512 wurde Luther Subprior und Studienleiter des Wittenberger Klosters. Als Nachfolger von Staupitz übernahm er 1513 die Bibelprofessur, die er bis zu seinem Lebensende innehatte, und wurde vom Rat der Stadt Wittenberg zum Prediger der Stadtkirche gewählt.

Luthers neues Verständnis der Gerechtigkeit Gottes (nicht Lohn oder Strafe, sondern Gnadengabe) wird bereits im Psalmenkolleg (1514), insbesondere aber in der Vorlesung über Römer 1,17 (1515) deutlich: die Rechtfertigung des Menschen allein aus Gnade im Glauben.

Seit 1516 kritisierte Luther den Ablass. Ob er die 95 Thesen über Buße und Ablass am 31. Oktober 1517 an die Tür der Schlosskirche (dem Anschlagbrett der Universität von Wittenberg) gehängt hat, ist umstritten. Melanchthons spätere Überlieferung ist nicht nachweisbar. Und die hier nachgedruckten Briefe an Albrecht von Brandenbug vom 31. Oktober 1517 und an Christoph Scheurl vom 5. März 1518 bestätigen die Ansicht, dass es sich um eine Legende handelt.

Als Luther nach Rom zitiert und Kurfürst Friedrich der Weise aufgefordert wurde, ihn auszuliefern, entsprach der Kurfürst der Bitte Luthers, die Angelegenheit nicht im päpstlichen Rom, sondern vor einem unparteiischen deutschen Gericht zu verhandeln.

Auf das Verhör durch Kardinal Cajetan in Augsburg (1518) und die Verhandlungen mit dem päpstlichen Nuntius Karl von Miltiz folgte die Disputation mit Johannes Eck in Leipzig (1519).

In der Bannandrohungsbulle *Exsurge Domine* vom 15. Juni 1520 wurde Luther zum Widerruf seiner Ansichten aufgefordert. Als Antwort auf die Verbrennung seiner Schriften in mehreren Städten verbrannte Luther diese Bulle am 10. Dezember 1520 vor dem Elstertor in Wittenberg, und zwar bezeichnend für seine Konzeption zusammen mit den Büchern des kanonischen Kirchenrechts.

Die Bulle *Decet Romanum Pontificem* vom 3. Januar 1521 verhängte über Luther den Kirchenbann, d. h. die Exkommunikation.

Am 28. Januar 1521 wurde der Reichstag in Worms eröffnet, zu dem Luther vom Kaiser geladen war und am 17. und 18. April verhört wurde. Da Luther den geforderten Widerruf ablehnte, verhängte das »Wormser Edikt« die Reichsacht über ihn. Am 26. April 1521 verließ Luther ziemlich unbemerkt Worms, besuchte seine Verwandten in Möhra und wurde am 4. Mai 1521 überfallen und auf die Wartburg entführt. Kurfürst Friedrich der Weise wollte Luther schützen und das Volk beruhigen. Viele hielten ihn bereits für tot – eine Propaganda, die geschürt wurde. Zehn Monate verbrachte Luther auf der Wartburg. Am 2. Dezember 1521 verließ er wegen der Wittenberger Unruhen heimlich die Wartburg und kehrte am 11. Dezember 1521 wieder zurück. Lukas Cranach hat ihn in seiner Verkleidung als Junker Jörg gemalt. Am 24. Februar 1522 teilte Luther dem Kurfürsten seine nunmehr endgültige Rückkehr nach Wittenberg mit. Vom 9. bis 16. März 1522 hielt Luther in Wittenberg die acht Invokativ-Predigten (Fasten-Predigten), in denen er betonte, dass das Recht auf die Verwirklichung von Reformen allein den fürstlichen und ständischen Obrigkeiten zusteht.

Am 13. Juni 1525 heiratete Luther und wohnte weiterhin bis zu seinem Lebensende im ehemaligen Wittenberger Augustinerkloster, das ihm 1532 von Kurfürst Johann übereignet wurde.

Bei dem Reichstag in Augsburg (1530) musste Kurfürst Johann auf den wichtigsten Mann in seinem namhaften Gefolge verzichten. Da er den geächteten Luther möglichst nahe haben wollte, setzte er ihn auf der südlichsten Festung seines Landes ab. Auf der Veste Coburg blieb Luther vom 15. April bis zum 4. Oktober 1530. Das Augsburger Bekenntnis (Confessio Augustana/CA), von Melanchthon verfasst, wurde am 25. Juni 1530 übergeben.

In den letzten beiden Jahren seines Lebens unternahm Luther trotz der physischen Belastung zahlreiche Reisen, u. a. nach Torgau, wo er am 5. Oktober 1544 die erste evangelische Kirche einweihte, und dreimal in seine Mansfeldische Heimat, der er sich lebenslang verbunden fühlte, um die Erbstreitigkeiten der Mansfelder Grafen zu schlichten. Er starb am 18. Februar 1546 in seiner Geburtsstadt Eisleben und wurde am 22. Februar in Wittenberg beigesetzt.

Da Albrecht von Brandenburg 1514 Erzbischof von Mainz wurde, bot sich der Römischen Kurie die Möglichkeit, den Ablass auch im Reich zu verkünden, und Papst Leo X. ernannte ihn zum päpstlichen Ablasskommissar. Im Brief vom 31. Oktober 1517 bittet Luther ihn, seine Ablass-Instruktionen zurückzunehmen, und legt die 95 Thesen bei. Dieses Datum gilt als Beginn der Reformation.

Der folgende Brief dokumentiert zugleich die Namensänderung. Er heißt jetzt nicht mehr *Martinus Luder* wie noch im Brief vom 11. September 1517 an Christoph Scheurl, auf den Scheurl am 30. September 1517 entsprechend antwortete: *An Martinus Luder*. Er unterschreibt hier erstmalig öffentlich mit *Martinus Luther, Doktor der Theologie*. Künftig (erstmalig im Brief vom 11. November 1517 an Melanchthon) unterschreibt er auch mit *Martinus Eleutherius*, Martin der Freie.

Wittenberg, 31. Oktober 1517

Dem hochwürdigen Vater in Christus, durchlauchtigsten Herrn Albrecht, der Magdeburger und Mainzer Kirchen Erzbischof und Primas, Markgraf zu Brandenburg etc. seinem ehrerbietigst zu fürchtenden und allergnädigsten Herrn und Hirten in Christus.

Gottes Gnade und Barmherzigkeit und alles, was ich vermag und bin. Verzeiht mir, hochwürdigster Vater in Christus, durchlauchtigster Fürst, dass ich Menschenstaub ein solches Maß an Vermessenheit habe, dass ich mich unterstehe, an einen Brief an Eure erhabene Hoheit überhaupt nur zu denken. Jesus, der Herr, ist mein Zeuge, dass ich, meiner Niedrigkeit und Erbärmlichkeit mir wohl bewusst, lange verschoben habe, was ich jetzt ungehörigerweise ausführe. Dazu hat mich vor allem meine Treuepflicht bewegt, zu der ich mich Euch, meinem hochwürdigsten Vater in Christus, schuldig erkenne. Eure Hoheit mögen daher so gnädig sein, ein Augenmerk auf mich, der ich Staub bin, zu richten und meine Bitte nach Eurer und der bischöflichen Milde gnädig entgegenzunehmen.

Im Land wird der päpstliche Ablass unter Eurem hoch erhabenen Namen zum Bau von St. Peter verbreitet. Ich beklage nicht so sehr das Geschrei der Ablassprediger, das ich nicht gehört habe, sondern vielmehr das grundfalsche Verständnis, welches das Volk daraus gewinnt und das man dem einfachen Volk überall hoch anpreist: Dass die unglücklichen Seelen glauben, wenn sie Ablassbriefe kaufen, seien sie ihres Heils sicher, und dass die Seelen sogleich aus dem Fegefeuer fahren, sobald sie die Zahlung in den Kasten legen. Weiterhin dass die Gnadenwirkungen dieses Ablasses so kräftig sind, dass keine Sünde zu groß sein kann (selbst wenn einer die Mutter Gottes geschändet hätte), dass sie nicht vergeben werden kann. Schließlich dass der Mensch durch diesen Ablass frei von aller Strafe und Schuld wird.

Ach, lieber Gott, so werden die Seelen, die Eurer Obhut anvertraut sind, teuerster Vater, zum Tod unterwiesen. Und die strenge Rechenschaft, die Ihr für sie alle werdet ablegen müssen, wächst immer mehr. Deshalb habe ich dazu nicht länger schweigen können. Denn der Mensch wird seines Heils nicht durch irgendeinen Gnadenerweis eines Bischofs sicher, da er nicht einmal durch Gottes eingegebene Gnade sicher wird. Vielmehr gebietet uns der Apostel Phil. 2,12, allezeit mit Furcht und Zittern zu wirken, dass wir selig werden. Und selbst der Gerechte wird kaum errettet werden (1. Petr. 4,18). Der Weg, der zum Leben führt, ist so schmal, dass der Herr durch die Propheten Amos und Sacharja (Amos 4,11; Sach. 3,2; vgl. Mt. 7,14) diejenigen, die gerettet werden sollen, ein Brandscheit nennt, das aus dem Feuer gerissen wird. Immer wieder verkündet der Herr, wie schwer es ist, das Heil zu erlangen. Wieso machen sie durch diese falschen Märchen und Versprechungen vom Ablass das Volk sicher und ohne Furcht. Da doch der Ablass den Seelen nicht zum Heil und zu Heiligkeit verhilft, sondern nur die äußeren Strafen wegnimmt, die man früher nach den Kanones aufzuerlegen pflegte?

Obwohl die Werke der Frömmigkeit und Nächstenliebe unendlich viel besser sind als der Ablass, predigen sie diese weder mit so großer Feierlichkeit noch mit solchem Eifer. Sie verschweigen sie sogar wegen der Ablasspredigt. Obwohl doch aller Bischöfe vornehmstes und einziges Amt sein sollte, dafür zu sorgen, dass das Volk das Evangelium und die Liebe Christi lernt. Nirgends hat Christus befohlen, den Ablass zu predigen. Aber das Evangelium zu predigen, hat er nachdrücklich befohlen. Wie groß ist daher der Gräuel, wie groß die Gefahr für einen Bischof, der, während das Evangelium zum Schweigen gebracht wird, nur noch das Ablassgeschrei unter sein Volk zu bringen erlaubt und sich darum mehr kümmert als um das Evangelium. Wird nicht Christus zu ihnen sagen: »[Ihr verblendeten Verführer], die Ihr Mücken aussiebt und Kamele verschluckt«? [Matth. 23,24]

Hinzu kommt, hochwürdigster Vater im Herrn, dass es in der Instruktion für die Kommissare, die unter Eurem Namen, hochwürdigster Vater, ausgegangen ist (zweifellos, hochwürdigster Vater, ohne Euer Wissen und Willen), heißt, eine der vornehmsten Gnaden sei eben diese unschätzbare Gabe Gottes, durch die der Mensch mit Gott versöhnt wird und alle Strafen des Fegefeuers getilgt werden. Und weiter, dass die keine Reue nötig hätten, die Seelen- und Beichtbriefe lösen.

Was kann ich anderes tun, hochwürdigster Bischof und durchlauchtigster Fürst, als dass ich Euch, hochwürdigster Vater, durch den Herrn Jesus Christus bitte, ein Auge väterlicher Sorge auf diese Angelegenheit zu richten und diese Instruktion ganz aufzugeben und den Ablasspredigern eine andere Predigtweise zu befehlen, damit nicht einer auftritt, der sie widerlegt, zur höchsten Schmach Eurer durchlauchtigsten Hoheit. Davor schrecke ich heftig zurück, fürchte aber, dass es geschieht, wenn nicht schnell Abhilfe geschaffen wird.

Diesen treuen Dienst meiner Wenigkeit wollen Euer durchlauchtigste Gnaden fürstlich und bischöflich allergnädigst annehmen, wie ich ihn mit ganz treuem und Euch, hochwürdiger Vater, ganz und gar ergebenem Herzen erweise. Denn auch ich bin ein Teil Eurer Herde. Der Herr Jesus behüte Euch, hochwürdigster Vater, in Ewigkeit, Amen. Aus Wittenberg, 1517, am Tage vor Allerheiligen. Falls es Euer Hoheit gefällt, könnt Ihr diese meine Thesen ansehen, um daraus zu erkennen, eine wie zweifelhafte Sache die Auffassung vom Ablass ist, die jene dennoch so verbreiten, als ob sie ganz gewiss sei. Euer unwürdiger Sohn Martinus Luther, Augustiner, berufener Doktor der heiligen Theologie.[2]

Am 5. März 1518 schreibt Luther Christoph Scheurl, dass die Verbreitung seiner Thesen nicht von ihm beabsichtigt war.

Und am 21. März 1518 berichtet er Johann Lang über die Verbrennung von Tetzels Thesen durch die Studenten.

»Falls Du Dich wunderst, dass ich sie [die Thesen] nicht zu Euch geschickt habe: Es war weder meine Absicht noch mein Wunsch, sie zu verbreiten. Sondern sie sollten mit einigen Gelehrten diskutiert und dann entweder verworfen oder gebilligt und herausgegeben werden. Jetzt aber werden sie entgegen meiner Erwartung so oft gedruckt und vervielfältigt, dass mich mein Werk reut. Nicht dass ich nicht dafür wäre, dass die Wahrheit dem Volk bekannt wird. Das allein wollte ich. Aber die Art und Weise ist nicht geeignet, das Volk zu unterrichten. Denn etliches ist mir selbst noch zweifelhaft, und manches hätte ich anders oder sicherer behauptet oder weggelassen, wenn ich diese Verbreitung erwartet hätte.[...] Der ehrwürdige und gnädige Herr, der Bischof von Brandenburg, dessen Urteil ich in dieser Sache zu Rate gezogen habe, ist sehr verhindert gewesen und hält mich so lange auf.«[3]

»Die Ablasskrämer donnern mächtig gegen mich von der Kanzel und finden kaum genug Schimpfnamen, mich damit zu belegen. Außerdem drohen sie und behaupten dem Volk gegenüber, ich würde innerhalb von 14 Tagen oder, wie ein anderer sagt, innerhalb eines Monats verbrannt werden. [...]

Um Euch im Voraus zu unterrichten, falls etwa ein Gerücht von der Verbrennung der Tetzelschen Thesen zu Euch gelangen sollte. [...] Als die Studenten, die des alten sophistischen Studiums überdrüssig waren und ein großes Verlangen nach der heiligen Bibel hatten, vielleicht auch mir eine Gunst erweisen wollten, hörten, dass ein Mann aus Halle von Tetzel, dem Verfasser der Gegenthesen, eingetroffen war, suchten sie ihn auf und machten ihm Angst und Bange, dass er solches Zeug nach Wittenberg zu tragen wage. Manche kauften ihm Exemplare ab, andere nahmen ihm einfach welche weg. Dann kündigten sie öffentlich an: Wer der Verbrennung und Bestattung der Tetzelschen Thesen beiwohnen wolle, solle sich um zwei Uhr auf dem Markt einfinden. Und da verbrannten sie ohne Wissen des Kurfürsten, des Rats, des Rektors und überhaupt von allen. Mir und allen missfällt das Unrecht, das diesem Menschen zugefügt wurde. Ich bin ohne Schuld, fürchte aber, man wird mir alles zuschreiben. Überall entsteht ein großes Gerede über dem Vorfall, besonders aber sind unsere Gegner, und nicht ohne Recht, entrüstet. Was daraus werden wird, weiß ich nicht. Ich weiß nur, dass die Gefahr dadurch für mich wachsen wird.«[4]

Am 14. Februar 1520 schreibt Luther an Spalatin und am 18. August 1520 an Johann Lang und schildert seine Probleme. Am 11. Oktober 1520 teilt Luther Spalatin von Wittenberg aus mit, dass die Bulle angekommen ist. Er werde sie als eine Fälschung angreifen, obwohl er von ihrer Echtheit überzeugt sei. In Leipzig und überall werde die Bulle verachtet. Am 10. Dezember 1520 schreibt Luther an Spalatin, dass um neun Uhr die Verdammungsbulle und das Kanonische Recht verbrannt worden seien.

Seinem teuersten, in Christus höchst liebenswerten Georg Spalatin.

Heil! Ich sende Dir eine Probe der Evangelien und Episteln, die freilich danach schmeckt, dass ich sehr beschäftigt bin und es mir auch nicht so geht, wie ich es mir wünschte. Diese Sache erfordert (wie ich sehe) einen ganzen Mann. Darum ist es mir fast leid, dass ich sie angefangen habe.

Nachdem ich meine Freunde um Rat gefragt habe, ob ich an unsere Fürsten schreiben soll, finde ich, dass es keinesfalls ohne Gefährdung der Sache Gottes geschehen kann, dass ich in meinem Namen oder nach meinem Wunsch Frieden anbiete. Ich habe bisher genug angeboten (und ich allein!). Ich bin immer mit Gewalt in die Sache hineingezogen worden. Und es steht nicht in meiner Macht, die Hand zurückzuziehen, solange Eck schreit. Ich muss die Sache Gott befehlen und mich führen lassen, da das Schiff den Winden und Fluten anheim gegeben ist. Eines kann ich: um Gottes Barmherzigkeit bitten. Ich habe von einem gewaltigen Sturm Kenntnis erhalten, wenn Gott dem Satan nicht wehrt. Ich habe seine listigen und verschlagenen Ränke zu meinem und vieler Leute Verderben gesehen. Was denkst Du Dir denn? Noch niemals hat das Wort Gottes ohne Unruhe, Aufruhr und Gefahr vorangetrieben werden können. Das Wort ist von unbegrenzter Majestät. Es wirkt große Dinge und ist wunderbar in der Höhe, wie der Prophet sagt: »Es erwürgt die Vornehmsten unter ihnen und schlägt danieder die Besten in Israel.« [Ps. 78,31] So muss man in dieser Angelegenheit entweder die Hoffnung auf Frieden und Ruhe aufgeben oder das Wort verleugnen. Es ist der Krieg des Herrn, der nicht gekommen ist, Frieden zu bringen. Hüte Dich daher, der Hoffnung zu verfallen, man könnte Christus auf Erden mit Frieden und Annehmlichkeit fördern, da Du doch siehst, dass er mit seinem eigenen Blut gekämpft hat und nach ihm alle Märtyrer.

Ich habe bisher unbewusst den ganzen Johann Hus gelehrt und gehalten. Auch Johann Staupitz hat in derselben Unwissenheit gelehrt. Kurz, wir sind alle unbewusst Hussiten. Ja, auch Paulus und Augustin sind richtige Hussiten. Siehe doch bitte, in welche Ungeheuerlichkeiten wir ohne den böhmischen Führer und Lehrer geraten sind. Ich weiß vor Staunen nicht, was ich denken soll, wenn ich solch fürchterliches Gericht Gottes über die Menschen sehe: Die klare, offenbare evangelische Wahrheit, die vor nun schon mehr als 100 Jahren öffentlich verbrannt worden ist, wird für verdammt gehalten, und man darf dies nicht bekennen. Wehe der Erde! Lebe wohl.
Martin Luther.[5]

»Wir sind hier der Überzeugung, dass das Papsttum der Sitz des wahren und leibhaftigen Antichrists ist, gegen dessen Betrug und Bosheit uns um des Heils der Seelen willen unserer Meinung nach alles erlaubt ist. Ich für meine Person bekenne, dass ich dem Papst keinen anderen Gehorsam schuldig bin als den, den ich dem wahren Antichrist schuldig bin. Das Übrige überlege Du selbst und urteile nicht leichtfertig über uns. Wir haben gute Gründe, bei dieser Meinung zu bleiben.«[6]

»Endlich ist die römische Bulle angekommen, die Eck mitgebracht hat und von der die Unsern viel an den Fürsten schreiben. Ich verachte sie und greife sie jetzt als lügenhaft und gottlos und in jeder Hinsicht eckisch an. Du siehst, dass in ihr Christus selbst verdammt wird. Ansonsten wird keinerlei Grund und Ursache angegeben. Letztendlich werde ich berufen, nicht um gehört zu werden, sondern um zu widerrufen. So kannst Du erkennen, dass sie voller Wut, Blindheit und Unsinnigkeit sind, nichts sehen und bedenken. Doch will ich noch den Namen des Papstes unterdrücken und gegen sie als eine erdichtete und erlogene Bulle vorgehen, obwohl ich fest überzeugt bin, dass sie die echte und eigene ist. Ach, dass doch Kaiser Karl ein Mann wäre und um Christi willen diese Teufel angriffe! Ich freilich fürchte nichts für mich. Es geschehe Gottes Wille. Auch weiß ich nicht, was der Fürst tun soll. Nur scheint es mir hier das Beste zu sein, er stelle sich, als wisse er nichts davon. Denn zu Leipzig und überall wird die Bulle wie auch Eck sehr verachtet. Daher vermute ich, die Bulle könnte an Ansehen gewinnen, wenn wir uns zu sehr um sie sorgen und kümmern, während sie sich selbst überlassen leicht zusammensinken und einschlafen wird. Ich sende Dir ein Exemplar, damit Du die römischen Ungeheuerlichkeiten siehst. Wenn sich das durchsetzen sollte, dann ist es um Glauben und Kirche geschehen.«[7]

»Das Papsttum ist nicht mehr wie gestern und vorgestern, und mag es auch bannen und Bücher auf den Scheiterhaufen schichten, und mag es mich töten, so stehen doch auf jeden Fall große Ereignisse vor der Tür. Wie gut wäre es für den Papst gewesen, wäre er davon ausgegangen, mit guten Mitteln Frieden zu bewirken und nicht mit roher Gewalt Luthers Verderben zu suchen. Unter Zagen und Beten habe ich die päpstlichen Bücher und seine Bannbulle [Bannandrohungsbulle] verbrannt. Jetzt aber bin ich darüber froher als je über eine Tat in meinem Leben. Denn sie sind verderblicher, als ich zu glauben wagte.«[8]

»In Worms hat man noch nichts gegen mich vorgenommen, obwohl die Papisten in höchstem Grimm ihre Anschläge gegen mich betreiben. Immerhin soll das Evangelium dort, wie Spalatin schreibt, noch so viel Achtung genießen, dass er hofft, man wird mich nicht ungehört und unüberführt verurteilen.«[9]

Am 6. März 1521 erhält Luther von Kaiser Karl V. die Vorladung zum Reichstag nach Worms und einen Geleitbrief.

Worms, 6. März 1521

Karl von Gottes Gnaden erwählter römischer Kaiser, zu allen Zeiten Mehrer des Reichs etc.

Ehrsamer, Lieber, Andächtiger. Nachdem wir und des heiligen Reichs Stände, jetzt hier versammelt, vorgenommen und entschlossen sind, der Lehren und Bücher wegen, die seither von dir ausgegangen sind, Erkundigung von dir zu empfangen, haben wir dir herzukommen und von dort wiederum an dein sicheres Gewahrsam unser und des Reichs freie, gestrenge Sicherheit und Geleit gegeben. Da wir begehren, du wollest dich erheben, also dass du in 21 Tagen in solchem unseren Geleit bestimmt und gewisslich hier bei uns bist und nicht ausbleibst, dich auch keiner Gewalt oder Unrecht besorgen musst, da wir dich mit unserem Geleit fest versehen wollen, uns auch auf deine Zukunft endlich verlassen. Du erkennst daran unsere ernstliche Meinung. Gegeben in unserer und des Reichs Stadt Worms am sechsten Tag des Monats März Anno etc. und im einundzwanzigsten unseres Reiches.

Carolus

[Geleitbrief:] Wir Karl der fünfte von Gottes Gnaden erwählter römischer Kaiser, zu allen Zeiten Mehrer des Reiches etc., in Germanien, zu Spanien, beider Sizilien, Jerusalem, Ungarn, Dalmatien, Kroatien etc. König, Erzherzog zu Österreich und Herzog zu Burgund, Graf zu Habsburg, Flandern und Tirol etc., bekennen, dass wir aus beweglichen Ursachen Martin Luther Augustiner Ordens hier gen Worms gefordert, dass wir ihm deswegen unseren und des heiligen Reichs freie gestrenge Sicherheit und Geleit gegen jedermann gegeben und zugesagt haben. Und wir tun das von kaiserlicher Macht wissentlich in Kraft dieses Briefs. Also dass er in 21 Tagen, dem nächsten nach Überantwortung dieses unseres Briefs, her gen Worms kommen und daselbst unser und des Reichs Stände Handlung erwarten und danach von dannen wieder an sein sicheres Gewahrsam ziehen soll und mag, von uns und allen unbeleidigt und unverhindert.

Und wir gebieten darauf allen Kurfürsten, Fürsten, geistlichen und weltlichen, Prälaten, Grafen, Freiherren, Herren, Rittern, Knechten, Hauptleuten, Vögten, Amtleuten, Schultheißen, Bürgermeistern, Richtern, Räten, Bürgern, Gemeinden und sonst allen anderen unseren und des Reichs Untertanen und Getreuen, in was für Würden, Stand oder Wesens sie sind, ernstlich mit diesem Brief und wollen, dass solche unsere und des Reichs Sicherheit und Geleit für den genannten Martin Luther stets und fest halten, ihn auch in seinem hin und wieder Ziehen geleiten und Geleit verschaffen und ihn nicht beleidigen noch bekümmern noch das jemand anderem zu tun gestatten, in keiner Weise, als jedem lieb sei, unser und des Reichs schwere Ungnade und Strafe zu vermeiden. Das meinen wir ernstlich mit der Urkunde dieses Briefes. Gegeben in unserer und des Reichs Stadt Worms, am sechsten Tag des

Monats März nach Christi Geburt fünfzehnhundert und im einundzwanzigsten.

Carolus[10]

> Am 19. März 1521 berichtet Luther Spalatin von Wittenberg aus über die Artikel für seinen Widerruf und am 14. April 1521 über seine Reise nach Worms.

»Ich habe die Artikel für meinen Widerruf und die Vorschriften für mein Verhalten empfangen. Aber seid versichert, dass ich keine Silbe widerrufen werde, nachdem ich sehe, dass sich meine Gegner einzig und allein auf den törichten Beweis stützen, ich hätte wider Brauch und Herkommen ihrer vorgeblichen Kirche geschrieben. Darum werde ich dem Kaiser Karl antworten, ich gedächte nicht zu erscheinen, falls es lediglich auf einen Widerruf abgesehen sei. Denn das wäre dann ebenso gut, als ob ich schon in Worms gewesen und wieder nach Wittenberg zurückgekehrt sei. Widerrufen könnte ich auch hier, wenn nur das vonnöten sei.

Will er mich aber in Worms töten und wegen meiner Antwort als Feind des Reichs ansehen, dann erbiete ich mich zu kommen. Denn durch Christi Gnade will ich nicht fliehen und sein Wort in Gefahr lassen. Und das weiß ich ganz gewiss, dass jene Mordbuben keine Ruhe haben, bis sie mich getötet haben. Freilich ist es mein Wunsch, dass wenn möglich niemand an meinem Blut schuldig wird als die Papisten. Wir sind wieder ganz und gar zu Heiden geworden, wie wir es vor Christus waren. So fest hält der listige Antichrist die Reiche der Welt in seiner Hand und Herrschaft. Des Herrn Wille geschehe! Indessen ratet allen, bei denen Ihr es könnt, dass sie nicht teilhaben am schändlichen Rat der Bösen.«[11]

»Wir kommen, obschon der Satan mich durch mehr als

eine Krankheit daran zu hindern versucht hat. Denn auf der ganzen Reise von Eisenach bis hierher habe ich mich in einem Zustand von Schwäche befunden, wie ich es noch nie an mir kennen gelernt habe und es auch jetzt noch anhält. Ferner merke ich wohl, dass man das kaiserliche Mandat veröffentlicht hat, um mich einzuschüchtern. Aber Christus lebt, und wir wollen nach Worms, wenngleich alle Pforten der Hölle und alle Gewaltigen der Luft sich widersetzen. Eine Abschrift des kaiserlichen Briefs schicke ich mit. Im Übrigen vermeide ich es, mich vorzeitig brieflich zu äußern, ehe ich selbst sehe, was zu tun ist. Denn wir wollen den Satan nicht stolz machen. Ich beabsichtige vielmehr, ihm beizukommen, indem ich ihm Schrecken einjagen und ihn verachten will. Besorgt eine Herberge für mich.«[12]

»In dieser Stunde habe ich vor dem Kaiser und dem römischen Reich gestanden und bin gefragt worden, ob ich meine Bücher widerrufen wolle. Darauf habe ich geantwortet, dass es meine Bücher sind. Was den Widerruf betreffe, wolle ich morgen sagen, da Zeit zum Überlegen weder begehrt noch gegeben war. Aber ich werde nicht einen Buchstaben widerrufen, wenn Christus mir gnädig ist.«[13]

Das *Wormser Edikt*, vom Kaiser erst am 8. Mai 1521 unterschrieben, bezeichnet Luther als »einen verstopften Zertrenner und offenbaren Ketzer« und erklärt ihn in die Acht, dass niemand ihn »hauset, hofet, atzt, tränket«. Am 26. April 1521 verlässt Luther Worms. Am 28. April schreibt er von Friedberg aus an Kaiser Karl V. Er rechtfertigt sein Verhalten in Worms und dankt für das Geleit.

Gnade und Friede mit aller Untertänigkeit durch Christus Jesus unsern Herrn. Allerdurchlauchtigster und unüberwindlicher Kaiser, allergnädigster Herr! Nachdem Eure kaiserliche Majestät [künftig mit EkM abgekürzt, vgl. das Abkürzungsverzeichnis] mich unter öffentlichem sicheren Geleit nach Worms berufen haben, um meine Ansicht über die kleinen Schriften, die in meinem Namen veröffentlicht sind, zu erkunden, bin ich in aller Demut vor EkM und dem ganzen Reich in allem Gehorsam erschienen. EkM hat mir vornehmlich die Frage vorlegen lassen, ob ich die genannten Bücher als meine anerkenne und ob ich sie widerrufen oder darauf verharren will oder nicht. Da ich sie aber als die meinen erkannte (sofern von meinen Gegnern oder Klüglingen in ihnen nichts durch List und Tücke verändert wurde), habe ich in aller Ehrerbietung und Demut erklärt, dass dies meine Meinung ist: Meine Bücher habe ich auf klare und deutliche Beweise der heiligen Schrift gegründet. Es steht mir nicht frei, noch wäre es billig und recht, noch könnte ich es auf irgendeine Weise fertig bringen, Gottes Wort zu verleugnen und meine Bücher auf diese Weise widerrufen. Demütig habe ich gebeten, EkM möchten unter keinen Umständen dulden, dass ich zu einem solchen Widerruf genötigt werde, sondern vielmehr darauf sehen, dass meine Bücher entweder von ihr selbst oder von anderen, gleich welchen Standes, und seien es auch die Allergeringsten (wenn sie es können), durchgesehen und die Irrtümer, die angeblich darin sein sollen, aus der heiligen Schrift, d. h. den Evangelien und den Propheten, widerlegt würden. Mit christlicher Bereitwilligkeit habe ich mich erboten, dass ich, wenn ich des Irrtums überführt würde, alles widerrufen und der Erste sein werde, der meine Bücher ins Feuer werfen und mit Füßen treten will.

Darüber hinaus wurde von mir verlangt und gefordert, ich sollte einfältig und klar antworten, ob ich bereit sei zu widerrufen oder nicht. Darauf habe ich nochmals so demütig, wie ich konnte, geantwortet: Weil mein Gewissen durch die heilige Schrift, die ich in meinen Büchern angeführt habe, gebunden sei, so kann ich ohne bessere Belehrung auf keine Weise etwas widerrufen. Darauf verhandelten etliche Kurfürsten, Fürsten und andere Stände des Reichs mit mir, ich solle meine Bücher zur Untersuchung und Beurteilung EkM und den Reichsständen übergeben. Darum bemühten sich bei mir der Kanzler zu Baden und Doktor Peutinger. Ich aber erklärte wie zuvor: nur, wenn ich aus göttlicher Schrift oder einleuchtender Beweisführung anders belehrt würde. Endlich wurde besprochen, dass ich einige ausgewählte Artikel dem Urteil eines allgemeinen Konzils überlassen und darauf vertrauen sollte. Aber ich, der ich allezeit und mit allem Eifer demütig bereit gewesen bin, alles zu tun und zu leiden, was mir möglich wäre, habe diese Bitte nicht durchsetzen können: dass mir Gottes Wort frei und ungebunden bliebe und dass ich meine Bücher EkM und den Reichsständen auf solche Weise übergäbe oder auch der Entscheidung eines Konzils anvertraute, dass nichts gegen das Evangelium Gottes weder von mir zugegeben noch von ihnen festgesetzt würde. Das war der Hauptpunkt der ganzen Auseinandersetzung. Denn Gott, der unsere Herzen durchforscht, ist mein Zeuge, dass ich ganz willig bin, EkM zu Willen zu sein und zu gehorchen, es sei im Leben oder Tod, in Ehre oder Schande, in Gewinn oder Verlust. Denn dazu habe ich mich oft erboten und erbiete mich noch und mache keine Ausnahme als allein Gottes Wort, von welchem nicht allein der

Mensch lebt, wie Christus Matth. 4,4 sagt, sondern welches auch die Engel zu schauen gelüstet, 1. Petr. 1,12. Da dies höher als alles ist, soll es auch in allem ganz frei und ungebunden sein, wie Paulus 2. Tim. 2,9 lehrt. Und es steht niemals in eines Menschen Macht, es fahren zu lassen und in Gefahr zu bringen, mögen die Menschen auch noch so sehr durch Größe, Zahl, Lehre und Heiligkeit hervorragen. Gerade Paulus sagt Gal. 1,8 ohne alle Scheu und wiederholt es: »So auch wir oder ein Engel vom Himmel Euch würde ein Evangelium predigen anders, als wir euch gepredigt haben, der sei verflucht.« Und David Ps. 146,3: »Verlasst euch nicht auf Fürsten; sie sind Menschen, die können ja nicht helfen.« Es kann sich auch niemand selbst helfen, wie Salomo sagt: »Wer sich auf sein Herz verlässt, der ist ein Narr«, und Jeremia 17,5: »Verflucht ist der Mann, der sich auf Menschen verlässt.« Denn in zeitlichen Sachen, welche Gott und die himmlischen Güter nicht betreffen, schulden wir einander gegenseitiges Vertrauen. Wenn wir die auch gefährden oder gar verlieren, entsteht der Seligkeit kein Schade. Zuletzt müssen wir sie doch fahren lassen. Aber bei Gottes Wort und den ewigen Gütern duldet Gott nicht, dass man diese einem Menschen unterordnet. Denn er will, dass ihm alle und alles unterworfen sei. Ihm allein gebührt wahrhaftig der Ruhm der Wahrheit. Ja er ist die Wahrheit selbst. Aber alle Menschen sind Lügner und Prahler, wie Paulus Röm. 3,4 trefflich sagt. Und das ist kein Unrecht. Denn dieser Glaube und diese demütige Haltung ist eigentlich die rechte Verehrung und Anbetung Gottes, wie Augustin im ersten Buch des Enchiridion sagt, die keinem Geschöpf erwiesen werden soll. Deshalb achtet auch Paulus weder die Engel noch sich selbst, ohne Zweifel auch keinen Heiligen im Himmel und auf Erden solchen Glaubens und Vertrauens würdig, ja, er verflucht es. Auch würden jene es nicht dulden, geschweige denn, dass sie es begehrten. Denn einem Menschen so in Bezug auf die ewige Seligkeit vertrauen, bedeutet nichts anderes, als dem Geschöpf die Ehre geben, die allein Gott gebührt. Darum bitte ich auf das allerdemütigste, EkM wollen nicht denken, dass diese Entscheidung für das Wort Gottes, aus einem bösen Argwohn herkommt, sie auch nicht ungnädig verstehen. Denn sie hat sich aus den vorher zitierten Schriftworten ergeben, welchen alle Kreatur billig weichen soll. Die Gültigkeit der Schrift, sagt Augustin, ist größer, als aller Menschen Verstand fassen kann. Denn meine hohe Meinung und Treue EkM gegenüber habe ich aufrichtig bewiesen. EkM kann das daraus leicht erkennen, dass ich unter EkM Geleit gehorsam erschienen bin und nichts befürchtet habe, obwohl ich wusste, dass meine Bücher von den Widersachern verbrannt wurden und mittlerweile ein Mandat gegen mich und meine Bücher unter EkM Namen öffentlich an vielen Orten angeschlagen ist. Das hätte einen armen Mönch wohl mit Recht abschrecken und zurückhalten können, wenn ich mich zu Gott dem Allmächtigen, zu EkM und zu den Reichsständen nicht alles Gute versehen hätte und noch versehe.

Auf keine Weise habe ich nun die Widerlegung meiner Bücher durch die heilige Schrift erreichen können und bin gezwungen gewesen, unwiderlegt davonzuziehen. Der ganze Streit aber beruht darauf, dass man die irrigen Artikel, die in meinen Büchern sein sollen, nicht mit der heiligen Schrift beweisen wollte. Man machte mir auch keine Hoffnung oder gab mir das Versprechen, meine Büchlein irgendwann künftig nach Gottes Wort zu prüfen und zu erörtern. Trotzdem danke ich EkM auf das allerdemütigste, dass mir das öffentliche Geleit zu Worms unverbrüchlich gehalten und weiter zu halten zugesagt wurde, bis ich sicher nach

Hause käme. Schließlich bitte ich EkM noch einmal um Christi willen auf das alleruntertänigste, nicht zu dulden, dass ich von den Widersachern unterdrückt werde, Gewalt leide oder verdammt werde, zumal ich mich nun so oft angeboten habe, wie es sich für einen Christen und gehorsamen Menschen ziemt. Denn ich bin auch jetzt noch ganz bereit, mich unter EkM Schutz vor unverdächtigen, gelehrten und freien Richtern, weltlichen oder geistlichen, zu stellen, durch EkM, durch die Reichsstände, durch Konzilien, durch Doktoren, oder wer da könne oder wolle, belehren zu lassen und meine Bücher und Lehren allen gern zu unterwerfen, ihre Prüfung und ihr Urteil zu dulden und anzunehmen ohne jede Ausnahme als allein das offenbare, klare und freie Wort Gottes, welches billig über alles sein und aller Menschen Richter bleiben soll.

Daher bitte ich untertänigst nicht um meinetwillen, der ich es nicht wert bin, sondern im Namen der ganzen Christenheit, was mich auch bewogen hat, diesen Brief sogleich abzusenden. Denn von Herzen gern möchte ich, dass EkM für das ganze Reich und die edle deutsche Nation auf das allerbeste geraten würde und dass alle in Gottes Gnade glücklich erhalten blieben. Ich habe auch bisher nach nichts anderem gefragt als nach Gottes Ehre und dem Gemeinwohl aller. Auf meinen eigenen Vorteil habe ich auch jetzt noch immer nicht gesehen, mögen mich meine Gegner verdammen oder nicht. Wenn nämlich Christus, mein Herr, für seine Feinde am Kreuz gebeten hat, wie viel mehr sollte dann ich für EkM, für das Reich, für meine teuersten Oberherren und das ganze deutsche Vaterland, zu welchen ich mich alles Guten versehe – im Vertrauen auf meine obige Darlegung – mit Freude und Zuversicht in Christus besorgt sein, bitten und flehen.

Hiermit befehle ich mich in EkM Schutz und Schirm, die Gott der Herr uns mit Segen und gnädig regiere und erhalte. Amen.[14]

Luther täuscht sich zunächst über die Haltung und die Absichten von Kaiser Karl V. Später wird er misstrauisch.

»Was Ihr über den Kaiser und die Papisten schreibt, glaube ich gern. Der Kaiser war und wird sein ein Diener der Diener des Teufels.[15] Wenn er sich doch nur nicht freiwillig der Nichtigkeit [des Teufels] unterworfen hätte und ihr diente so wie die übrigen Kreaturen Gottes! Ohne Wissen, so glaube ich, dient er, obwohl mit Willen oder doch wenigstens gleichgültig.«[16]

»Den Kaiser habe ich in Verdacht, dass er ein Schurke ist, und sein Bruder Ferdinand ist der übelste Taugenichts.«[17]

Am 28. April 1521 teilt Luther Lucas Cranach die »Entführung« mit, und am 12. Mai 1521 schreibt er an Amsdorf, der mit ihm im Wagen saß.

Frankfurt a. M., 28. April 1521

Dem umsichtigen Meister Lukas Cranach, Maler zu Wittenberg, meinem lieben Gevatter und Freund.

Meinen Dienst, lieber Gevatter Lukas, ich segne und befehle Euch Gott. Ich lasse mich eintun [einsperren] und verbergen, weiß selbst noch nicht wo. Und obwohl ich lieber hätte von den Tyrannen, sonderlich von den Händen des wütenden Herzogs Georg zu Sachsen den Tod erlitten, darf ich doch guter Leute Rat nicht verachten, bis zu seiner Zeit.

Man hat meine Ankunft in Worms nicht erwartet, und wie mir das Geleit gehalten wurde, wisst ihr alle wohl aus dem Verbot, das mir entgegenkam. Ich dachte, Kaiserliche Majestät würde einen Doktor oder 50 versammelt und den Mönch redlich überwunden haben. Hier ist jedoch nicht mehr geschehen als: Sind die Bücher dein? Ja. Willst du sie widerrufen oder nicht? Nein. So hebe dich davon! Oh, wir blinden Deutschen, wie kindisch handeln wir und lassen uns so jämmerlich von den Romanisten äffen und narren![18]

»Ich bin an dem Tag, an dem ich von Dir weggerissen wurde, als ungeübter Reiter durch die lange Reise ermüdet, ungefähr um elf Uhr nachts im Finstern zu meiner Herberge gekommen. Jetzt bin ich hier müßig, ein Freier unter Gefangenen. Hütet Euch vor Euern Nachbarn [Georg von Sachsen und Joachim I. von Brandenburg], dem Rehabeam zu Dresden und dem Benhadad zu Damaskus. Denn es ist ein grausames Edikt gegen uns erlassen worden. ›Der Herr aber wird ihrer lachen‹ (Ps. 37,13). In ihm gehab Dich wohl und grüße alle, die zu grüßen sind. Am Sonntag Exaudi im Luftrevier.«[19]

Den ersten der zahlreichen Wartburgbriefe schreibt Luther am 12. Mai 1521 an Melanchthon.

Wartburg, 12. Mai 1521

Philippus Melanchthon, dem Evangelisten der Kirche zu Wittenberg, seinem liebsten Bruder in Christus.

Heil! Wie geht es Dir denn inzwischen, mein lieber Philippus? Betest Du auch für mich, dass diese Trennung von Euch, die ich nur unwillig über mich habe ergehen lassen, etwas Großes zur Ehre Gottes schafft? Ich würde gern wissen, wie Dir das gefällt. Mein Bedenken war, dass es so aussehen könnte, als ob ich aus der Schlachtreihe geflüchtet wäre. Aber dennoch blieb mir kein Ausweg, auf dem ich jenen, die es wollten und dazu geraten haben, hätte widerstehen können. Ich wünsche nichts mehr, als dem Wüten der Feinde entgegenzutreten und ihnen meinen Hals darzubieten.

Ich sitze nun hier und stelle mir den ganzen Tag die Gestalt der Kirche vor Augen und sehe auf das Wort des 89. Psalms: »Hast du alle Menschen vergänglich geschaffen?« Ach Gott, was für eine schreckliche Erscheinung von Gottes Zorn ist dieses abscheuliche Reich des römischen Antichrist! Ich verwünsche meine Herzenshärte, dass ich nicht ganz in Tränen aufgelöst bin, so dass ich mit meinen Tränenströmen die Erschlagenen meines Volkes beweinen möchte [Jer. 9,1]. Aber es ist niemand da, der sich aufmacht und Gott hält oder sich zu einer Mauer macht für das Haus Israel [Hes. 22,30; 13,5] an diesem letzten Tag seines Zorns. Oh ja, würdig ist das Papstreich des Endes und des Abschaums der Welt! Gott erbarme sich unser.

Deshalb mache Du Dich als Diener des Wortes unterdessen daran und befestige die Mauern und Türme Jerusalems, bis sie auch auf Dich fallen. Du kennst Deinen Beruf und Deine Gaben. Ich bete ganz besonders für Dich, sofern mein Gebet (woran ich nicht zweifle) etwas vermag. Tue Du dasselbe für mich, und lass uns miteinander diese Last tragen. Wir allein stehen noch in der Kampflinie, und Dich werden sie nach mir zu verderben suchen.

Spalatin schreibt, es werde ein so grausames Edikt geschmiedet, dass sie auf Gefahr des Gewissens die ganze Welt nach meinen Büchern durchforschen werden, damit sie sich selbst bald zu Grunde richten. Der Rehabeam in Dresden freut sich darüber und lechzt schon danach, es zu vollstrecken. Man habe auch den Kaiser gedrängt, dem König von Dänemark [Christian II.] zu schreiben, er solle die Reste der lutherischen Ketzerei nicht aufnehmen. Und sie singen das Lied: »Wann wird er sterben und sein Name vergehen?« [Ps. 41,6]

Hartmut von Cronberg hat dem Kaiser einen Sold von 200 Goldstücken gekündigt, weil er dem nicht dienen will, der auf diese gottlosen Leute hört. Ich glaube, es wird so kommen, dass dieses Edikt nirgends als unter diesem Rehabeam und Eurem anderen Nachbarn [Joachim I. von Brandenburg] wüten wird, die der eitle Ruhm plagt. Gott lebt und regiert in alle Ewigkeit, Amen.

Der Herr hat mich am Hintern geschlagen mit großen Schmerzen. Der Stuhl ist so hart, dass ich ihn mit großer Kraftanstrengung, bis mir der Schweiß ausbricht, herausdrücken muss. Und je länger ich es aufschiebe, desto härter wird er. Gestern, am vierten Tag, habe ich einmal Stuhlgang gehabt. Daher habe ich auch die ganze Nacht nicht geschlafen und habe auch jetzt noch keine Ruhe. Ich bitte Dich, bete für mich. Denn dieses Übel wird unerträglich werden, wenn es so weitergeht wie bisher.

Siehe zu, dass Du alles schreibst, was bei Euch vorgeht und wie alles steht, und lebe wohl mit Deiner Frau. Am Sonntag Exaudi 1521, im Reich der Vögel.

Dein Martinus Luther[20]

»Ich bin hier müßig und geschäftig zugleich. Ich lerne Hebräisch und Griechisch und schreibe ohne Unterlass. Der Schlosshauptmann bewirtet mich weit besser, als ich es beanspruchen kann. Das Übel, an dem ich zu Worms litt, hat mich noch nicht verlassen und sogar zugenommen. Ich leide an einem so harten Stuhlgang wie noch nie in meinem Leben und verzweifle an einer Heilung. Also sucht mich der Herr heim, auf dass auch mich am Ende noch ein Kreuz treffe, und er sei gepriesen, Amen!

Ich kann mir nicht erklären, warum das kaiserliche Edikt [über die Reichsacht] noch ausbleibt. Den Brief, den ich auf der Rückreise von Worms geschrieben habe, habe ich, freilich mit vielen Entstellungen, gedruckt gelesen.

Dem jungen Fürsten habe ich auf seinen letzten Brief noch nicht geantwortet, weil mir sein Aufenthalt unbekannt war. Auch halte ich einen zu häufigen Briefwechsel nicht für angebracht. Denn irgendein Zufall könnte mein Versteck verraten. Betet, betet für mich, das allein tut mir Not, alles andere habe ich im Überfluss. Was draußen in der Welt über mich verfügt wird, ist mir gleichgültig. Ich darf hier endlich einmal in Ruhe wohnen. Lebt wohl im Herrn, und grüßt alle, denen Ihr es sagen dürft. Von der Insel Patmos am 10. Juni 1521.«[21]

> Am 15. Juli 1521 schreibt Luther an Spalatin und schickt ihm einen fingierten Brief, der die Gegner über seinen Aufenthalt irreführen soll (»Wartburglüge«).

»Heil in Christus, lieber Herr Spalatin! Mein Brief wird in Eure Hände gelangt sein. Hier erhaltet Ihr einen neuen mit allerhand weiteren Beilagen. Folgende Lüge habe ich mir zurechtgelegt. Das Gerücht über meinen Aufenthalt wächst immer mehr an, und wenn es die Leute auch nicht zu behaupten wagen, so kann man es ihnen doch auch nicht ausreden. Darum bitte ich Euch, meinen beiliegenden Brief selbst absichtlich zu verlieren oder einen von Euren Leuten diese Achtlosigkeit begehen zu lassen. So soll er in die Hände unserer Gegner gelangen, die glauben müssen, unrechtmäßig in den Besitz eines strengen Geheimnisses gelangt zu sein. Am schönsten wäre es, er fiele dem Schwein von Dresden [Herzog Georg] in die Hand, das seinen Inhalt zweifellos alsbald mit Freuden bekannt geben würde. Tut, was Euch geraten erscheint. Über mein Befinden wird Euch der Überbringer Nachricht geben. Ich hoffe auf Besserung. Lebt wohl im Herrn. Aus der Einöde 1521«.

[Die beigelegte »Wartburglüge«:] »Heil in Christus, lieber Herr Spalatin! Wie ich höre, verbreitet man das Gerede, der Luther verweile auf der Wartburg bei Eisenach. Weil ich dort im Wald gefangen wurde, kommen die Leute auf diese Vermutung. Indessen aber bin ich hier verborgen in Sicherheit, wenn nur die Brüder, die um mich sind, sich als zuverlässig erweisen. Falls mich die Veröffentlichung meiner Schriften verrät, werde ich meinen Aufenthaltsort wechseln. Wunderbar, dass diesmal niemand an Böhmen denkt.

St. Georgius, Herzog von Sachsen, soll ja immer noch heftig zürnen. Wohl bekomme es ihm und mag er diesen Spaß haben, solange er päpstlich ist. Ich bescheide ihn so, wie es die Landgräfin von Hessen, jetzt Gemahlin des Grafen von Solms, geraten hat. Sie fand für den großen Herrn die rechte Antwort, indem sie ihm durch seine Gesandten seinen mütterlichen Großvater ins Gedächtnis zurückrufen ließ. Ihr kennt doch die Erwiderung, die das gescheite Frauenzimmer seinen Gesandten auf dem Wormser Reichstag erteilt hat?

In Erfurt hat der Satan uns eine Falle legen und unsere Anhänger durch üblen Leumund brandmarken wollen. Aber er wird nichts erreichen. Denn das sind eben nicht unsere Freunde, die so handeln. Da der Teufel der Wahrheit nicht widerstehen kann, denkt er sie durch den törichten Eifer der Toren für uns zu schänden. Nur ist verwunderlich, dass sich der Rat diese Ausschreitungen bieten lässt. Durch Gottes Gnade bin ich wohlauf, frei von den Papisten. Betet für mich und lebt wohl. Unser erlauchter Fürst will mit meinem Aufenthalt noch nicht bekannt sein, das ist der Grund, weshalb ich nichts an ihn schreibe.«[22]

Am 15. August 1521 berichtet Luther Spalatin über seinen Aufenthalt auf der Wartburg, und am 9. September 1521 teilt er Amsdorf mit, dass Herzog Johann von dem Burghauptmann Hans von Berlepsch seinen Aufenthaltsort erfahren habe.

»Über das Ertragen meiner Verbannung mache Dir keinen Kummer. Denn mir liegt nichts daran, wo ich mich auch immer aufhalte, wenn ich nur nicht am Ende diesen Leuten zur Last falle und beschwerlich werde. Denn ich möchte nicht, dass jemand durch mich beschwert werde. Ich bin aber sicher, dass ich hier auf Unterhalt und Kosten unseres Fürsten lebe. Ich würde keine Stunde hier bleiben, wenn ich wüsste, dass ich die Habe dieses Mannes verzehre, obwohl er mir alles fröhlich und gern darreicht. Denn Du weißt, wenn das Vermögen von irgend jemand vertan werden muss, so ist es das der Fürsten. Denn ein Fürst sein und nicht bis zu einem gewissen Grad auch ein Räuber sein, ist nicht oder kaum möglich und das umso weniger, je größer der Fürst ist. Du würdest mir einen Gefallen tun, wenn Du mir darüber Gewissheit verschaffst. Denn von diesem freundlichen Mann kann ich nichts anderes erfahren, als dass er mich aus dem fürstlichen Beutel erhält. Aber das ist meine Art, dass ich fürchte, eine Last zu sein, wo ich vielleicht keine bin. Jedoch dies zu fürchten ziemt sich für einen anständigen Menschen.

Ich bin letzten Montag zwei Tage auf der Jagd gewesen, um jenes bittersüße Vergnügen der Helden kennenzulernen. Wir haben zwei Hasen und einige klägliche Rebhühner gefangen. Wahrlich eine Beschäftigung, die müßiger Menschen würdig ist. Ich theologisierte auch dort unter Netzen und Hunden. Und wie viel Vergnügen mir dieser Anblick auch machte, so viel Mitleid und Schmerz war diesem geheimnisvollen Treiben beigemischt. Denn was bedeutet dieses Bild anderes als einen Teufel, der durch seine Nachstellungen und die gottlosen Lehrer, seine Hunde (Bischöfe und Theologen), diese unschuldigen kleinen Tiere jagt? Allzu nahe lag diese überaus traurige und heimliche Deutung auf die einfältigen und gläubigen Seelen. Es kam noch eine gräulichere heimliche Deutung hinzu. Durch mein Bemühen hatten wir ein Häschen am Leben erhalten. Als ich es in den Ärmel meines Rockes eingewickelt hatte und etwas weggegangen war, hatten unterdessen die Hunde den armen Hasen gefunden, durch den Rock sein rechtes Hinterbein gebrochen und ihm die Kehle durchgebissen. So nämlich wütet der Papst und der Satan, dass er auch die geretteten Seelen umbringt, und meine Bemühungen kümmern ihn nicht. Ja, ich habe diese Jagd satt. Ich halte die für lieblicher, in der Bären, Wölfe, Eber, Füchse und dergleichen gottlose Lehrer mit Speeren und Pfeilen durchbohrt werden. Doch mich tröstet, dass die heimliche Deutung viel mehr auf die Seligkeit passt, wenn die Hasen und unschuldigen Tiere von Menschen gefangen werden, als wenn sie von Bären, Wölfen und räuberischen Habichten und den ihnen ähnlichen Bischöfen und Theologen gefangen werden. Weil das bedeutet, dass sie hier zur Hölle, dort zum Himmel verschlungen werden. Dies will ich Dir mit meinem Brief scherzhafterweise sagen, damit Du weißt, dass Ihr Wildbretfresser am Hof auch Wildbret im Paradiese sein werdet, das der beste Jäger Christus auch mit großer Anstrengung kaum fangen und bewahren kann. Mit Euch wird gespielt, während auf den Jagden Ihr Euer Spiel treibt.«[23]

»Herzog Johann hat bisher meinen Aufenthalt noch nicht gekannt und ihn jetzt erst erfahren. Mein Wirt hat es ihm heimlich mitgeteilt, und er wird schweigen. Ich fühle mich hier wohl, nur bin ich träge und schlaff, und so erkalte ich geistig und fühle mich unglücklich. Heute habe ich endlich seit fünf Tagen wieder Stuhlgang gehabt, doch so hart, dass ich fast den Geist dabei ausgehaucht habe. Nun sitze ich wie ein Weib, das geboren hat, voller Schmerzen, Blut und Wunden, mit der traurigen Gewissheit, diese Nacht keinen oder bestenfalls für kurze Zeit Schlaf zu finden.

Doch ich danke Christus, der mir einen kleinen Rest des heiligen Kreuzes zugeteilt hat. Ich könnte von allen Wunden genesen, wenn nur mein Leib offen wäre. Die Verletzungen, die in vier Tagen zuheilen, reißt der neue Stuhlgang wieder auf. Deshalb will ich aber von Euch nicht bedauert, sondern vielmehr beglückwünscht sein. Und Ihr sollt beten, dass ich würdig werde, stark im Geist zu sein. Denn es ist Zeit, mit aller Kraft gegen den Satan zu beten, mit solch furchtbarem Leid bedroht er Deutschland. Und ich fürchte, der Herr möchte ihm dazu Gewalt geben.

Immer noch bin ich schläfrig und faul zu Gebet und Widerstand. So bin ich mit mir selbst unzufrieden und mir selber zur Last, vielleicht weil ich so allein bin und keiner von Euch mir helfen will. Ach, lasst uns beten und wachen, dass wir nicht in Anfechtung fallen. Sonst weiß ich Euch jetzt nichts zu schreiben. Ihr wisst ja über jedwedes und jedweden Bescheid.

Ich freue mich, dass Wittenberg gedeiht, zumal es während meiner Abwesenheit geschieht. Denn der Gottlose wird das voll Grimm sehen und seine Wünsche aufgeben müssen. Christus möge hinausführen, was er angefangen hat. Wie sehr wünschte ich, dass Philipp Melanchthon auch öffentliche Predigten irgendwo in der Stadt an den Festtagen und der Mittagsmahlzeit hielte, wo jetzt das Volk zu Trank und Spiel läuft. Damit würde man sich an eine freiheitliche Ordnung nach Gestalt und Art der alten Kirche gewöhnen. Denn wo wir alle Menschensatzung durchbrochen, wo wir jedes irdische Joch abgeworfen haben, was soll es uns kümmern, dass Melanchthon ohne Salbung und Tonsur und verheiratet ist? Tatsächlich ist er ja doch ein Priester und führt ein priesterliches Amt, falls anders der Dienst am Wort ein solches ist. Sonst wäre ja auch Christus kein Priester, der bald in den Synagogen und bald in den Schiffen, bald am Gestade und bald auf dem Gebirge gelehrt und kurz und gut an allen Orten und zu allen Zeiten selbst allen alles war. Da Melanchthon nun von Gott berufen ist und den Dienst am Wort verrichtet, was doch niemand leugnen kann, was schadet es, wenn er von jenen herrischen Bischöfen nicht berufen ist, die nicht die Kirche, sondern ihre Rosse und Reiter regieren. Aber ich kenne seinen Sinn und weiß, dass er auf mein Zureden nicht hören wird. Wir müssen ihn also durch den dringenden Auftrag der ganzen Gemeinde berufen und drängen. Denn nach deren Aufforderung kann er es nicht abschlagen. Wenn ich in Wittenberg wäre, würde ich alles bei dem Rat und der Bürgerschaft einsetzen, dass sie ihn bitten sollten, ihnen ohne Amt als christlicher Gelehrter in deutscher Sprache das Evangelium zu lesen, wie er es in lateinischer Sprache unternommen hat. Dann würde er mit der Zeit ein deutscher Bischof werden, wie er ein lateinischer Bischof geworden ist.

Dafür sollt Ihr Eure Kräfte einsetzen. Denn dem Volk ist vor allem Gottes Wort not. Da es nun bei Melanchthon besonders reichlich wohnt, so sehet Ihr, dass wir durch unseres Gewissens Drang und durch Gottes Gebot schuldig sind, ihn zu berufen und das Wort seiner Frucht nicht verlustig werden lassen. [...] Aus der Wüste am Tag nach Mariä Geburt 1521. Euer Martin Luther.«[24]

Nach den vergeblichen Briefen von 1517 und 1520 schrieb Luther am 1. Dezember 1521 nochmals an Albrecht von Mainz. Falls der Kardinal den abgöttischen Ablass nicht unterbinde, werde er öffentlich gegen ihn vorgehen und seine Schrift »Wider den Abgott zu Halle« publizieren. Albrecht von Mainz hatte im September 1521 eine päpstliche Bulle herausgegeben, die den Besuchern der Reliquiensammlung der Stiftskirche zu Halle Ablass gewährte.

Am 7. Oktober 1521 schrieb Luther an Spalatin, dass er den Götzen von Mainz mit seinem »Bordell« öffentlich angreifen werde. Aber Kurfürst Friedrich der Weise verbot die Veröffentlichung.

Der folgende Brief Luthers bewirkte, dass der Ablass eingestellt und die gefangenen Priester freigelassen wurden.

Wittenberg, 1. Dezember 1521

Meine willigen Dienste EKFG, hochwürdigster, gnädigster Herr, zuvor.

Es hat zweifellos EKFG in einem guten, frischen Gedächtnis, dass ich an EKFG zweimal lateinisch geschrieben habe, das erste Mal zu Beginn des lügenhaften Ablasses [Luthers Brief vom 31. Oktober 1517], der unter EKFG Namen ausging, darin ich EKFG treulich warnte und mich aus christlicher Liebe den wüsten, verführerischen, geldsüchtigen Predigern und den ketzerischen, abgöttischen Büchern widersetzte.

Und obwohl ich den ganzen Sturm auf EKFG hätte treiben können als auf den, der dies unter seinem Namen und Wissen veranlasste mit ausgedrucktem Titel auf den ketzerischen Büchern [der *Instructio summaria*] habe ich doch EKFG und das Haus zu Brandenburg geschont, weil ich dachte, EKFG täte solches aus Unverstand und Unerfahrenheit, verführt durch andere falsche Ohrenbläser, an welche ich mich allein gehängt, mit mancher Mühe und Gefahr, wie EKFG wohl wissen.

Meine treue Vermahnung hat mir aber Spott und bei EKFG Undank statt Dank eingebracht. Ich habe zum zweiten Mal [am 4.2.1520] aufs Untertänigste geschrieben und mich erboten, Belehrung von EKFG anzunehmen. Da habe ich eine harte, ungehörige, unbischöfliche und unchristliche Antwort erhalten, welche die Belehrung, um die es mir ging, auf höhere Gewalt geschoben hat.

Obwohl die beiden Schreiben nicht geholfen haben, gebe ich nicht nach und will dem Evangelium nach Matth. 18,15–17 folgend auch die dritte Warnung an EKFG auf Deutsch schreiben, da vielleicht so überflüssiges, unverpflichtetes Warnen und Flehen helfen möge.

Jetzt hat zu Halle EKFG den Abgott [eine mit dem Ablass verbundene Ausstellung der Reliquien im Stift zu Halle] wieder aufgerichtet, der die armen, einfältigen Christen um Geld und Seele bringt, und damit frei und öffentlich bekannt, dass alle ungeschickten Fehler, die durch Tetzel geschehen sind, nicht allein sein, sondern des Bischofs von Mainz Mutwillen waren, der auch – unabhängig von meinem Verschonen – sich das allein zuschreiben will. EKFG denkt vielleicht, ich sei nun nicht mehr auf dem Plan, will vor mir sicher sein und durch die Kaiserliche Majestät den Mönch dämpfen. Das lasse ich nicht geschehen. EKFG soll erfahren, dass ich tun will, was christliche Liebe fordert unangesehen der höllischen Pforten, geschweige denn der Ungelehrten, Päpste, Kardinäle und Bischöfe. Ich will es weder leiden noch verschweigen, dass der Bischof von Mainz vorgeben sollte, er wisse nicht oder ihm gebühre nicht Unterrichtung zu bieten, wenn es ein armer Mensch von ihm begehrt, und wolle doch darum wohl wissen und dreist für und für fortfahren, wenn es ihm Geld einbringen soll. Ich lasse nicht mit mir Spaß treiben, man muss anders davon singen und hören.

Deshalb an EKFG meine untertänige Bitte, EKFG möge das arme Volk unverführt und unberaubt lassen, sich als ein Bischof und nicht als ein Wolf erzeigen (Apg. 20,28 f.). Es ist bekannt genug geworden, dass der Ablass lauter Büberei und Betrügerei ist und dass allein Christus dem Volk gepredigt werden soll, so dass EKFG nicht durch Unwissenheit entschuldigt werden kann.

EKFG mögen eingedenk sein des Anfangs, welch ein gräuliches Feuer aus dem kleinen, verachteten Fünklein geworden ist, vor dem alle Welt sicher war und meinte, der eine arme Bettler wäre für den Papst zu unermesslich gering und nehme sich unmögliche Dinge vor. Doch hat Gott das Urteil getroffen, dem Papst mit allen Seinen mehr als genug zu schaffen gegeben, wider und über aller Welt Meinung das Spiel dahin geführt, dass dem Papst schwerlich wiederzubringen ist [was er einmal hatte]. Es wird auch täglich ärger mit ihm, so dass man Gottes Werk hierin zu greifen vermag.

Derselbe Gott lebt noch und niemand soll daran zweifeln, beherrscht auch die Kunst, dass er einem Kardinal von Mainz widersteht, wenngleich vier Kaiser die Hand über ihn hielten. Er hat auch eine besondere Lust daran, die hohen Zedern (Jes. 2,13) zu brechen und die hochmütigen, verstockten Pharaos zu demütigen. Ihn, so bitte ich, wolle EKFG nicht versuchen noch verachten. Denn seine Kunst und Gewalt ist nicht unermesslich.

EKFG soll nicht denken, Luther sei tot. Er wird auf den Gott, der den Papst gedemütigt hat, so frei und fröhlich pochen und ein Spiel mit dem Kardinal von Mainz beginnen, das nicht viele erwarten. Tut Euch, liebe Bischöfe, zusammen, Junker [weltliche Herren] mögt Ihr bleiben, aber diesen Geist sollt Ihr dennoch nicht zum Schweigen bringen noch betäuben. Widerfährt Euch aber ein Schimpf daraus, den Ihr jetzt nicht vorausseht, so will ich Euch hiermit gewarnt haben.

Darum sei EKFG endlich und schriftlich mitgeteilt: Wenn nicht der Abgott abgetan wird, ist das für mich, göttlicher Lehre und christlicher Seligkeit zuliebe, eine nötige, dringende und unvermeidliche Ursache, EKFG so wie den Papst öffentlich anzugreifen und seinem Vorgehen mutig zu widersprechen, allen bisherigen Gräuel von Tetzel auf den Bischof von Mainz zurückzuführen und der gesamten Welt den Unterschied zwischen einem Bischof und einem Wolf anzuzeigen. Das möge EKFG wissen und sich danach richten.

Wenn ich verachtet werde, wird einer kommen, der den Verächter wieder verachtet, wie Jesaja sagt. Ich habe EKFG genug vermahnt. Es ist hinfort Zeit, nach der Lehre von St. Paulus die öffentlichen Übeltäter vor aller Welt öffentlich zu rügen, zu verlachen und zu strafen, auf dass das Ärgernis werde von dem Reich Gottes getrieben.

Zum zweiten bitte ich, EKFG wollen sich zurückhalten und die Priester in Frieden lassen, die sich, um die Unkeuschheit zu meiden, in den ehelichen Stand begeben haben oder wollen, ihnen nicht rauben, was ihnen Gott gegeben hat, zumal EKFG dazu keine Befugnis, Grund noch Recht anzeigen kann und bloßer mutwilliger Frevel einem Bischof nicht geziemt.

Was hilft es Euch, Bischöfe, dass Ihr so frech mit der Gewalt umgeht und die Herzen gegen Euch verbittert und weder Ursache noch Recht von Eurem Tun beweisen könnt? Was bildet Ihr Euch ein? Seid Ihr eitle Giganten oder Nimrode von Babylonien (1. Mose 10,8f.) geworden? Wisst Ihr nicht, Ihr armen Leute, dass Frevel, Tyrannei, sobald sie nimmer den Schein des Rechts hat, die öffentliche Fürbitte verliert und nicht lange bestehen kann? Warum eilt Ihr zu Eurem Unheil wie die Unsinnigen, das Euch selbst allzu früh überkommen wird?

EKFG achte darauf: Wenn das nicht abgestellt wird, dann wird sich ein Geschrei aus dem Evangelium erheben und sagen, wie gut es den Bischöfen anstünde, dass sie die Balken zuvor aus ihren Augen reißen (Luk. 6,42) und es billig wäre, dass die Bischöfe zuvor ihre Huren von sich treiben, bevor sie anständige Eheweiber von ihren Ehemännern scheiden.

Ich bitte, EKFG wollen sich selbst behüten und mir Gelegenheit und Raum lassen zu schweigen. Ich habe keine Liebe und Lust an der Schande und Unehre von EKFG. Aber wenn er nicht aufhört, Gott zu schänden und seine Wahrheit zu verunehren, bin ich mit allen Christen schuldig, an Gottes Ehre festzuhalten, wenngleich alle Welt, geschweige ein armer Mensch, ein Kardinal, deswegen zu Schanden werden muss. Schweigen werde ich nicht. Und wenn es mir nicht gelingen wird, so hoffe ich doch, Ihr Bischöfe sollt Euer Liedlein nicht zu Ende singen. Ihr habt sie noch nicht alle vertilgt, die Christus wider Eure abgöttische Tyrannei erweckt hat.

Hiermit erbitte und erwarte ich EKFG richtige, schnelle Antwort in 14 Tagen. Denn nach diesen 14 Tagen wird mein Büchlein »Wider den Abgott zu Halle« herausgehen, sofern nicht eine öffentliche Antwort kommt. Und wenn dieses Schreiben durch die Räte von EKFG abgefangen würde, so dass es EKFG nicht erreicht, will ich mich dadurch nicht aufhalten lassen. Ratsleute sollen treu sein. Deshalb soll ein Bischof seinen Hof ordnen, dass vor ihn komme, was vor ihn kommen soll. Gott gebe EKFG seine Gnade zum rechten Sinn und Willen. Gegeben in meiner Wüste, Sonntag nach dem Tag Katharinae 1521.

EKFG williger und untertäniger Martin Luther.[25]

2 BRIEFWECHSEL MIT DEN KURFÜRSTEN

In der Leipziger Teilung von 1485 erhielt die ältere, die ernestinische Linie des Hauses Wettin die Kurwürde in Sachsen. Kurfürst Friedrich der Weise regierte von 1486 bis 1525. Sein jüngerer Bruder Johann der Beständige war sein Nachfolger von 1525 bis 1532.

Dessen Sohn Johann Friedrich der Großmütige wurde 1532 Kurfürst und verlor im Schmalkaldischen Krieg 1547 sowohl Teile seines Territoriums als auch die Kurwürde, die jetzt an die albertinische Linie des Hauses Wettin, an Herzog Moritz von Sachsen fiel.

2.1 FRIEDRICH DER WEISE

»Friedrich bin ich billig genannt.
Schönen Frieden erhielt ich im Land
mit großer Vernunft, Geduld und Glück
wider manchen erzbösen Duck.
Das Land zierte ich mit Bauwerk
und stiftete die Schule zu Wittenberg.
Da selbst heraus kam Gottes Wort,
das große Ding tut an manchem Ort.
Das päpstliche Reich stürzte es nieder
und brachte rechten Glauben wieder.
Kaiser Karl ich treulich wählt.
An mich nicht wandte man Gunst noch Geld.«[26]

In seiner Auslegung des 101. Psalms (1534/35), die zu einem Fürstenspiegel wurde, schreibt Luther über Kurfürst Friedrich den Weisen: »Herzog Friedrich, Kurfürst zu Sachsen, war geschaffen, dass er sein sollte ein weiser Fürst im Frieden zu regieren und Haus zu halten, wie er denn auch zu seiner Zeit war im Römischen Reich, wie man sagt, Lux mundi.« Das älteste erhaltene deutsche Schriftstück aus Luthers Hand ist eine Quittung. Luther bestätigt, dass er am 9. Oktober 1512 von Kurfürst Friedrich dem Weisen 50 Gulden für sein Doktorat erhalten hat. Die finanzielle Großzügigkeit von Friedrich dem Weisen hat Luther auch später wiederholt öffentlich hervorgehoben.

In dem Widmungsbrief zu seinem Bibelkommentar *Operationes in psalmos* vom 27. März 1519[27] bezeichnet er den Kurfürsten als seinen sehr sanftmütigen Schutzherrn, preist seine Liebe zur heiligen Schrift und lobt ihn als Vorbild eines wissenschaftsfördernden Fürsten.

Da nach der Teilung der sächsischen Lande 1485 die Universität Leipzig zur albertinischen Linie gehörte, gründete Kurfürst Friedrich der Weise am 18. Oktober 1502 eine Universität in Wittenberg. Kaiser Maximilian verlieh ihr alle Rechte der alten Universitäten. Die sonst übliche päpstliche Bestätigung wurde erst 1519 eingeholt. Zum ersten Rektor ernannte der Kurfürst seinen Leibarzt Martin Polich von Mellerstadt.

Kurfürst Friedrich der Weise hat weltgeschichtliche Bedeutung erlangt, weil er Luther schützte und der Reformation zum Durchbruch verhalf. Das Verhältnis war distanziert und kompliziert. Persönliche

Begegnungen wie bei seinen Nachfolgern gab es nicht, und der umfangreiche Briefwechsel lief weitgehend über Mittelsmänner, insbesondere über Spalatin. Er wurde 1508 als Prinzenerzieher nach Torgau berufen und 1516 in die kurfürstliche Kanzlei, wo er für Kirchen- und Universitätsangelegenheiten zuständig war. Luthers Briefe hielt er bisweilen zurück, wenn es ihm politisch klug erschien, was Luther verärgerte.

Die Tatsache, dass Luther seinen mutigen Brief an den Kurfürsten nach dem Verlassen der Wartburg zweimal ändern musste, verdeutlicht die Unsicherheit von Friedrich dem Weisen, seine »ängstliche Kleingläubigkeit«, wie es Luther am 13. März 1522 im Brief an Spalatin formuliert. Er möchte Luther schützen und sich politisch absichern und nichts gegen Gottes Willen und sein heiliges Wort tun, aber etwaige daraus entstehende »Empörung und Beschwernis« hat er »auch nicht gern«. Erst am Ende seines Lebens ließ sich Kurfürst Friedrich der Weise das Sakrament in beiderlei Gestalt reichen.

Der erste Kurfürstenbrief Luthers ist ein »Bettelbrief«, weitere werden folgen.

Wittenberg, 6. November 1517

Gnädigster Herr und Fürst! Da mir E.F.G. im vorigen Jahr durch [Bernhard von] Hirschfeld zusagten, mir ein neues Kleid [eine Mönchskutte] zu geben, so komme ich nun und bitte E.F.G., daran zu denken. Ich bitte aber, gnädiger Herr, dass der [Superintendent Johann] Pfeffinger, der es damals ausrichten sollte, es jetzt mit der Tat und nicht nur mit freundlicher Zusage ausrichtet. Er kann sehr gute Worte spinnen, aber es wird kein gutes Tuch daraus.

Auch, gnädigster Herr, dass ich E.F.G. auch meine Treue erzeige und mein Hofkleid verdiene: Ich habe gehört, dass E.F.G. nach Aufhören dieser Steuer eine andere und vielleicht schwerere einführen wollte. Wenn E.F.G. eines armen Bettlers Gebet nicht verachten wollen, bitte ich: Wollt es um Gottes willen nicht dazu kommen lassen. Denn es ist mir und vielen E.F.G. Günstigen von Herzen leid, dass auch diese Besteuerung E.F.G. in den letzten Tagen so viel guten Ansehens, Namens und Gunst geraubt hat. Gott hat E.F.G. wohl mit hoher Vernunft begnadet, dass sie in diesen Sachen weiter sieht als ich oder vielleicht alle Untertanen. Aber es kann doch wohl sein, ja Gott will es so haben, dass große Vernunft zuweilen durch geringere Vernunft unterwiesen werde, auf dass sich niemand auf sich selbst verlasse, sondern allein auf Gott, unsern Herrn. Er erhalte E.F.G. gesund uns zugute und danach E.F.G. Seele zur Seligkeit. Amen.[28]

In seinen Schreiben vom 6. und 19. Januar 1519 informiert Luther Kurfürst Friedrich über seine Verhandlungen mit dem päpstlichen Nuntius Karl von Miltiz in Altenburg und erläutert, unter welchen Bedingungen er zum Widerspruch bereit wäre.

Altenburg, 6. Januar 1519

Ich teile E.K.F.G. untertänigst mit, dass Herr Karl von Miltitz und ich endlich übereingekommen sind und den Handel auf zwei Artikel beschlossen haben:

Zum ersten, dass eine gemeinsame Vereinbarung beider Parteien geschieht und beiden Parteien verboten wird, weiter über die Angelegenheit zu predigen, zu schreiben und zu reden.

Zum andern will Herr Karl dem heiligen Vater Papst demnächst über alle Sachen schreiben und veranlassen, dass päpstliche Heiligkeit daraufhin befehlen, dass ein gelehrter Bischof die Angelegenheit untersucht und die Artikel angibt, welche irrig und von mir widerrufen werden sollen. Und alsdann, so mir der Irrtum nachgewiesen wird, soll und will ich gern denselben widerrufen und der heiligen römischen Kirche ihre Ehre und Gewalt nicht schwächen.«[29]

Wittenberg, 19. Januar 1519

Wunschgemäß teile ich E.K.F.G. meine Ansicht über den päpstlichen Ablass mit.

Zum ersten bin ich bereit, die römische Kirche in aller Demut zu ehren und derselben nichts vorzuziehen, weder im Himmel noch auf Erden als allein Gott selbst und sein Wort. Darum will ich gern einen Widerruf tun in den Stücken, in denen mein Irrtum angezeigt wird. Denn alle Stücke insgesamt zu widerrufen, ist unmöglich.

Zum anderen möchte ich es nicht nur erleiden, sondern will es sogar, dass ich nicht mehr predigen oder lehren darf. Denn daran ist mir weder Lust noch Liebe, weder Gut noch Ehre gelegen. Ich weiß auch, dass es auf Erden nicht gelitten wird, nach Gottes Wort zu handeln. Aber ich bin bisher und künftig Gottes Geboten und Willen unterworfen.

Zum dritten: Einen unverdächtigen Richter in der Sache zu haben, ist mein ganzes Begehren, und es liegt in meinem Interesse. Dazu nenne ich den Hochwürdigsten Erzbischof zu Trier oder zu Salzburg oder aber den Durchlauchtigsten Herrn Bischof zu Freisingen und Naumburg.

Zum vierten hat mich wohl längst bewegt, dass zuzeiten von Papst Julius neun Kardinäle mit ihrem gesamten Anhang nicht durchdringen konnten und auch sonst oft Kaiser und Könige gedemütigt wurden. So hat mich doch wiederum gestärkt, dass ich fest darauf vertraute, die römische Kirche würde und möchte nicht leiden die ungeschickten und schädlichen Predigten, die durch meine Disputation über den Ablass entstanden, sie auch nicht dulden oder schützen, noch also das arme Volk Christi mit des Ablass Schein verführen lassen.

Auch ist es nicht besonders verwunderlich, wenn zu unsrer Zeit einer oder zwei unterdrückt werden in diesen letzten bösen Zeiten. So wir doch wissen, dass zur Zeit des Ketzers Arius, als die heilige Kirche noch neu und rein war, alle Bischöfe von ihren Kirchen verjagt und die Ketzer, denen das ganze Reich anhing, durch alle Welt den heiligen Athanasius verfolgten. Da Gott zu dieser seligen Zeit solches über die Kirche verhängt hat, wundert es mich nicht, dass ich armer Mensch unterliegen muss. Aber die Wahrheit ist geblieben und wird ewig bleiben.

Zum fünften ist das neue Dekret über den Ablass, das jetzt von Rom ausgegeben wurde [Bulle vom 9. November 1518], in meinen Augen sehr verwunderlich. Zum ersten, da sie nichts Neues bietet. Zum andern, da sie das Alte dunkel und unverständlicher darstellt, als es in den anderen Dekreten dargestellt ist. Zum dritten, da sie die anderen päpstlichen Gesetze nicht widerruft, auf die ich mich bezogen habe, und die Sache also in der Schwebe lässt. Zum vierten, und das ist das Allergrößte, dass sie nicht, wie bei allen anderen Gesetzen üblich, einige Sprüche der Schrift, der Kirchenväter oder der Begründung einfügt, sondern lediglich allein bloße Worte hinsetzt, in denen nicht auf meine Zweifelsfragen eingegangen wird.

Und weil die Kirche es schuldig ist, eine Begründung ihrer Lehre zu geben, wie St. Peter [1. Petr. 3,15] gebietet, und vielfach verboten hat, dass man nichts annehmen soll, es sei denn erprobt, wie St. Paulus [1. Thess. 5,21] sagt. So mag ich solche Dekrete nicht als eine rechtschaffene und genugsame Lehre der heiligen Kirchen erkennen und muss mehr Gottes Geboten und Verboten gehorchen. Doch will ich sie nicht verwerfen, will sie aber auch nicht anbeten. Ich fürchte auch, weil zu unseren Zeiten die Schrift und alten Lehrer wieder hervordringen und man nun in aller Welt anhebt zu fragen nicht was, sondern warum dies und das gesagt wird, es würde, wenn ich schon solche bloßen Worte aufnähme und einen Widerruf täte, nicht nur als unglaubwürdig, sondern auch als ein Spott angesehen und als eine öffentliche Unehre der römischen Kirche. Denn was sie ohne Begründung sagt und behandelt, wird durch meinen Widerruf nicht begründet.

Ich möchte E.F.G. auf mein Gewissen sagen, dass ich, aller Ehre unangesehen, gern widerrufen will, sofern ich nur die Ursache meines Irrtums oder ihrer Wahrheit hören würde. Wenn ich ohne das jemals widerrufen muss, will ich es mit Worten tun und daneben sagen, dass ich es doch anders glaube in meinem Herzen. Das wird ihnen aber eine schlechte Ehre sein.«[30]

Luther bittet Kurfürst Friedrich für sein Kloster um einen Neubau und für sich um eine schwarze und eine weiße Kutte zum Leipziger Jahrmarkt.

Wittenberg, 15. Mai 1519

Durchlauchtigster Fürst, gnädigster Herr, es zwingt uns die Notdurft, ein Gemach zu bauen. Deshalb haben wir die

Herren des Rates zu Wittenberg demütig gebeten, uns zu vergönnen, aus der Mauer auf den Graben zu bauen. Da wir auf unsere Bitte keine Antwort erhalten, bitten wir E.F.G. wollen uns gnädig für diesen Umbau Gunst und Erlaubnis gewähren. In Erwartung auf E.F.G. gnädige Antwort, die wir vor Gott billig verdienen.

Ich bitte auch, E.F.G. wollen mir für diesen Leipziger Jahrmarkt eine weiße und schwarze Kutte kaufen. Die schwarze Kutte ist mir E.F.G. schuldig, die weiße erbitte ich demütig. Denn vor zwei oder drei Jahren hat mir E.F.G. eine zugesagt, die habe ich noch nicht erhalten, obwohl der Pfeffinger sie mir zugesagt hat. Vielleicht aus geschäftlichen Gründen oder weil man ihm vorwarf, das Geld zu langsam auszugeben, zögerte er, so dass ich mir notwendigerweise eine andere verschaffen musste und diesbezüglich von E.F.G. Zusage keinen Gebrauch gemacht habe. Wegen dieser Notdurft bitte ich nun demütig, da der Psalter[31] eine schwarze Kutte verdient, wolle E.F.G. den Apostel[32] auch eine weiße Kutte verdienen lassen. Und ich möchte auch nicht von dem Pfeffinger nochmals in Stich gelassen werden.[33]

> Von der Wartburg aus schreibt Luther an den Kurfürsten wegen der Wittenberger Unruhen. Mit einer ironischen Anspielung auf die berühmte Reliquiensammlung Friedrichs des Weisen (»Heiligtum«) ermahnt er ihn, die Wittenberger Unruhen als eine Prüfung Gottes (»neues Heiligtum«) zu verstehen und unverzagt zu sein.
> Zugleich kündigt er seine baldige Rückkehr an.

Wartburg, 24. Februar 1522

Meinem allergnädigsten Herrn Herzog Friedrich Kurfürst zu Sachsen zu eigenen Händen.

Gnade und Glück von Gott dem Vater zum neuen Heiligtum! Solchen Gruß schreibe ich nun, mein gnädigster Herr, anstatt meiner Ehrerbietung. E.f.g. hat lange Jahre nach Heiligtum in allen Landen werben lassen. Nun hat Gott E.f.g. Begierde erhört und heimgeschickt ohne alle Kosten und Mühe ein ganzes Kreuz mit Nägeln, Sparren und Geiseln. Ich sage abermals: Gnade und Glück zum neuen Heiligtum! E.f.g. erschrecke nur nicht, ja strecke die Arme getrost aus und lasse die Nägel tief eingehen, ja, danke und sei fröhlich! Also muss und soll es gehen, wer Gottes Wort haben will, dass auch nicht allein Hannas und Kaiphas toben, sondern auch Judas unter den Aposteln sei und Satan unter den Kindern Gottes. E.f.g. sei nun klug und weise und richte nicht nach Vernunft und Ansehen des Wesens, zage nur nicht. Es ist noch nicht so weit, dass Satan ihn will. E.f.g. glaube mir Narren doch auch ein klein wenig: Ich kenne nämlich diesen und dergleichen Griffe des Satans. Darum fürchte ich mich auch nicht, und das tut ihm weh. Es ist erst alles ein Anfang. Lasst die Welt schreien und urteilen, lasst fallen, wer da fällt, auch St. Peter und die Apostel! Sie werden wohl wiederkommen am dritten Tag, wenn Christus wieder aufersteht. Es muss das auch an uns erfüllt werden. »Exhibeamus nos in seditionibus« in allem erweisen wir uns als Diener Gottes, 2. Kor. 6,4.

E.f.g. wollen zugute halten, in großer Eile musste die Feder laufen. Ich habe nicht mehr Zeit, will selbst, so Gott will, bald da sein. E.f.g. nehme sich meiner nur nicht an. E.f.g. untertäniger Diener Martinus Luther.[34]

Nachdem der Kurfürst Luthers Brief erhalten hat, beauftragt er seinen Amtmann Johann Oswald mit einer Instruktion (Briefe 2,449-452), in der er seine Bedenken gegen Luthers Rückkehr nach Wittenberg äußert und wünscht, dass er bis zu einem nächsten Reichstag auf der Wartburg in Sicherheit bleibt. Luther antwortet erst auf der Reise von der Wartburg nach Wittenberg.

Borna, 5. März 1522

Was ich aber geschrieben habe, ist aus Sorgen geschehen, dass ich E.K.F.G. trösten wollte. Nicht wegen meiner Sache, an die ich damals keinen Gedanken hatte, sondern wegen des ungeschickten Handelns, durch das in Wittenberg große Schmach des Evangeliums durch die Unseren entstanden ist. Da war mir angst, E.K.F.G. würden darüber eine große Beschwernis empfinden. Denn auch mich selbst hat der Jammer so umgetrieben, dass ich an der Sache verzagt hätte, wenn ich nicht sicher wäre, dass das lautere Evangelium bei uns ist. Alles, was mir bisher in dieser Sache zuleide getan wurde, ist dagegen nichts gewesen. Ich wollte es auch, wenn es hätte sein können, mit meinem Leben gern erkauft haben. Denn es ist also geschehen, dass wir es weder vor Gott noch vor der Welt verantworten können. Es wird mir zur Last gelegt und zuvor dem heiligen Evangelium. Das tut mir von Herzen weh.

Über meine Sache aber, gnädigster Herr, antworte ich so: E.K.F.G. weiß, oder weiß sie es nicht, dann lasse sie es ihr hiermit kund sein, dass ich das Evangelium nicht von Menschen, sondern allein vom Himmel durch unsern Herrn Jesus Christus habe, dass ich mich wohl einen Knecht und Evangelisten hätte rühmen und schreiben können. Dass ich mich aber zum Verhör und Gericht erboten habe, ist geschehen, nicht weil ich daran zweifelte, sondern aus übergroßer Demut, die anderen zu locken.

Da ich nun aber sehe, dass meine zu große Demut zur Erniedrigung des Evangeliums führt und der Teufel den Platz ganz einnehmen will, wo ich ihm nur eine Handbreit einräume, muss ich von meinem Gewissen gezwungen anders handeln. Ich habe E.K.F.G. genug getan, dass ich dieses Jahr gewichen bin, E.K.F.G. zu Dienst. Denn der Teufel weiß sehr wohl, dass ich es aus keiner Verzagtheit getan habe. Er sah mein Herz wohl, als ich zu Worms hereinkam, dass ich, wenn ich gewusst hätte, dass so viele Teufel auf mich gelauert hätten, als Ziegel auf den Dächern sind, dennoch mit Freuden mitten unter sie gesprungen wäre.

Nun ist Herzog Georg noch weit weniger als ein einziger Teufel. Und zumal der Vater der abgründigen Barmherzigkeit uns durch das Evangelium freudig gemacht hat zum Herrn über alle Teufel und den Tod und uns den Reichtum der Zuversicht gegeben hat, dass wir es wagen dürfen, zu ihm zu sagen: Herzliebster Vater, so kann E.K.F.G. selbst ermessen, dass es für einen solchen Vater die höchste Schmach ist, wenn wir ihm nicht so vertrauen, dass wir auch Herr über Herzog Georgs Zorn sind.

Das weiß ich von mir gut: Wenn diese Sache zu Leipzig so stünde wie zu Wittenberg, so wollte ich doch hineinreiten, wenn es gleich – E.K.F.G. verzeihe mir mein närrisches Reden – neun Tage eitel Herzog Georg regnete und ein jeglicher wäre neunfach wütender als dieser. Er hält meinen Herrn Christus für einen Mann aus Stroh geflochten. Das kann mein Herr und ich eine Zeit lang wohl leiden, aber nicht länger.

Ich will aber E.K.F.G. nicht verbergen, dass ich für Herzog Georg nicht nur einmal gebetet und geweint habe, dass ihn Gott erleuchten wolle. Ich will auch noch einmal bitten und weinen, danach nimmermehr. Und ich bitte, E.K.F.G. wolle auch helfen bitten und bitten lassen, dass wir das Urteil von ihm wenden können, das (ach Herr Gott!) auf ihn ohne Unterlass eindringt. Ich wollte Herzog Georg schnell mit einem Wort erwürgen, wenn es damit ausgerichtet wäre.

Solches sei E.K.F.G. geschrieben in der Meinung, dass E.K F.G. wisse, ich komme gen Wittenberg in einem gar viel höheren Schutz als dem des Kurfürsten. Ich habe auch nicht im Sinn, von E.K.F.G. Schutz zu begehren. Ja, ich meine, ich wolle E.K.F.G. mehr schützen, als sie mich schützen könnte. Dazu wollte ich nicht kommen, wenn ich wüsste, dass E.K.F.G. mich schützen könnte und wollte. In dieser Sache soll noch kann kein Schwert raten oder helfen. Gott allein muss hier schaffen ohne alles menschliche Sorgen und Zutun. Darum: Wer am meisten glaubt, der wird hier am meisten schützen. Doch weil ich spüre, dass E.K.F.G. noch schwach im Glauben ist, kann ich E.K.F.G. in keiner Weise für den Mann ansehen, der mich schützen oder retten könnte.

Weil nun E.K.F.G. zu wissen begehrt, was sie in dieser Sache tun soll, zumal sie meint, sie habe viel zu wenig getan, antworte ich untertänig: E.K.F.G. hat schon allzu viel getan und sollte gar nichts tun. Denn Gott will und kann die Sorgen und das Treiben von E.K.F.G. oder mir nicht leiden. Er will, dass es ihm überlassen bleibt, so und nicht anders. Danach mag sich E.K F.G. richten. Glaubt E.K.F.G. dies, so wird sie sicher sein und Frieden haben. Glaubt sie nicht, so glaube doch ich, und muss E.K.F.G. in seinem Unglauben lassen und in der Qual der Sorgen, die alle Ungläubigen erleiden.

Weil ich E.K.F.G. nicht folgen will, so ist E.K.F.G. vor Gott entschuldigt, falls ich gefangen oder getötet werde. Vor den

Menschen soll E.K.F.G. sich so verhalten: nämlich der Obrigkeit als ein Kurfürst gehorsam sein und kaiserliche Majestät in E.K.F.G. Städten und Ländern an Leib und Gut walten lassen, wie es sich nach des Reiches Ordnung gebührt, und ja nicht wehren noch widersetzen, noch Widerstand oder irgendein Hindernis der Gewalt begehren, wenn sie mich fangen oder töten will. Denn die Gewalt soll niemand brechen noch ihr widerstehen denn allein der, der sie eingesetzt hat. Sonst ist es Empörung und wider Gott.

Hiermit befehle ich E.K.F.G. in Gottes Gnade. Weiter wollen wir demnächst reden, wenn es notwendig ist. Denn diese Schrift habe ich eilends abgefertigt, damit E.K.F.G. nicht Betrübnis erfahre durch die Nachricht von meiner Ankunft [in Wittenberg]. Denn ich soll und muss jedermann tröstlich und nicht schädlich sein, wenn ich ein rechter Christ sein will. Es ist ein anderer Mann als Herzog Georg, mit dem ich handle. Der kennt mich sehr wohl, und ich kenne ihn gut. Wenn E.K.F.G. glauben würde, so würde sie Gottes Herrlichkeit sehen. Weil sie aber noch nicht glaubt, hat sie auch noch nichts gesehen. Gott sei Liebe und Lob in Ewigkeit. Amen.[35]

Dieses eindrucksvolle Zeugnis der Glaubenskraft und Mut vor Fürstenthronen musste Luther auf Anweisung des Kurfürsten zweimal ändern. Denn Friedrich der Weise wollte öffentlich nachweisen, dass der gebannte und geächtete Luther ohne sein Wissen und gegen seinen Willen nach Wittenberg zurückkehrte.

Am 12. März 1522 schickt Luther die zweite Änderung an den Kurfürsten; am 13. März 1522 schreibt er an Spalatin:

»Ich schicke hier meinen Brief an den Kurfürsten. Er hat schon so manche Beweise seiner ängstlichen Kleingläubigkeit gegeben. Diese seine Schwäche müssen wir eben ertragen. Nur etwas hat mich bitter betroffen, dass ich nämlich den Kaiser ›meinen allergnädigsten Herrn‹ nennen soll, wo doch alle Welt weiß, wie ungnädig er mir ist, und wo doch jedermann über diese durchsichtige Gaukelei lachen wird. Trotzdem will ich lieber ausgelacht werden und mir Falschheit vorwerfen lassen, als mich der Schwäche des Fürsten entgegenzustemmen. Mein Gewissen aber beruhige ich über mein Doppelspiel, indem ich mir sage, dass es der gebräuchliche Stil ist, den Kaiser so zu nennen und zu betiteln, auch wenn er einem so wenig gewogen ist wie mir. Denn ich hasse die Schmeicheleien. Ich habe ihm bisher genug Zugeständnisse gemacht. Endlich einmal tut freie Rede not. Ihr aber betet für mich und helft, jenen Satan niederzutreten, der sich zu Wittenberg wider das Evangelium nun sogar unter dem Namen unseres Evangeliums erhoben hat. Wir müssen jetzt gegen einen Feind kämpfen, der sich verstellt zum Engel des Lichts. Es wird Karlstadt schwer werden, seine Gedanken aufzugeben, aber Christus wird ihn zwingen, wenn er es nicht freiwillig tut.«[36]

Luther bittet den Kurfürsten, er möge eine Kornschuld des Wittenberger Augustinerklosters streichen und das Kloster mit allen Einnahmen und Ausgaben übernehmen. Denn nur noch Luther und der Prior Brisger wohnen im Kloster, und Brisger will aus dem Mönchstand ausscheiden und ausziehen. Dann sei auch für Luther kein Bleiben mehr im Kloster.
Luther bittet den Kurfürsten, Brisger oder ihm das Grundstück zwischen dem Kloster und dem Spital stillschweigend zu überlassen.

Gnade und Friede in Christus! Durchlauchtigster, hochgeborener Fürst und Herr! Es hat uns Eure kurfürstliche Gnaden in diesem Jahr etwas vom Korn durch den Amtmann zukommen lassen. Nun mahnt uns der Amtmann täglich streng, und wir können dasselbe nicht bezahlen, weil unsere Zinsen nicht fallen und bisher nicht gefallen sind. Deshalb bitte ich untertänig, Euer kurfürstliche Gnaden wollen uns von diesem Korn zu guter Letzt lossprechen. Denn ich meine und hoffe, dass es nicht mehr nötig ist.

Auch, gnädigster Herr, weil ich nun allein in diesem Kloster bin mit dem Prior (abgesehen davon, dass wir aus christlicher Liebe einige durch die Feinde des Evangeliums Verjagte bei uns haben) und ich den Prior nun länger als ein Jahr angehalten habe, mir zu dienen, und ihn nicht noch länger festhalten will, weil sein Gewissen ihn fordert, sein Leben zu ändern, zudem da ich nicht ertrage solchen täglichen Jammer mit dem Eintreiben der Zinsen. Deshalb sind wir gesinnt, Euer kurfürstlichen Gnaden das Kloster mit allem, was dazu gehört, als dem jüngsten Erben zu überlassen und zu übergeben. Denn wenn der Prior wegzieht, ist meine Tätigkeit hier nicht mehr, und ich muss und will sehen, wie mich Gott ernährt.

Damit wir als die Letzten nicht mit ganz bloßen Händen scheiden, bitte ich untertänig, Euer kurfürstliche Gnaden möchten entweder dem Prior oder mir auf meinen Namen gnädig vergönnen und einnehmen lassen den Raum, den unser Kloster neben dem Spitalsraum gekauft hat. Ich möchte dafür von Euer kurfürstlichen Gnaden nicht etwa eine öffentliche Erklärung oder Schrift haben. Denn ich weiß wohl, was Euer kurfürstlichen Gnaden daran gelegen ist, sondern, dass Euer kurfürstliche Gnaden durch die Finger sehen, dass wir es mit gutem Gewissen und heimlicher Gunst annehmen möchten, um damit abzuweisen oder uns zu schützen mit meinem Namen gegen den Rat, falls er etwas zugreifend oder sonst zu klug sein will, dass wir uns dann auf Euer kurfürstliche Gnaden berufen können, es als künftige Gunst und Aufenthalt erwerben. Inzwischen wird Gott auch über eine öffentliche Gunst beraten.

Solches zu bitten, zwingt mich die Schuld und Liebe. Denn der Prior muss sein väterliches Erbe, an dem er sonst reich genug sein würde, da es in der Herrschaft des Bischofs von Trier liegt, entbehren um der Verfolgung des Evangeliums willen. Gottes Gnade wolle Euer kurfürstliche Gnaden behüten. Amen.[37]

Melanchthon soll zu biblischen Vorlesungen herangezogen und nicht immer nur mit der »kindischen griechischen Lektion« beschäftigt werden. Luthers Brief vom 23. März 1524 bewirkt, dass der Kurfürst am 31. März 1524 dem Rektor, den Magistern und Doktoren der Universität Wittenberg mitteilt, dass er damit einverstanden ist, dass Melanchthon eine biblische statt der griechischen Vorlesung hält.

Wittenberg, 23. März 1524

Gnade und Friede in Christus! Durchlauchtigster, hochgeborener Fürst, gnädigster Herr! E.C.f.g. wissen ohne Zweifel, dass wir hier eine von Gottes Gnaden feine Jugend haben, die begierig auf das Wort Gottes ist, auch aus fernen Landen kommt und viel Armut erleidet, so dass etliche nichts als Wasser und Brot zum Leben haben. Nun habe ich M. Philippus angehalten, dass er anstatt seiner griechischen Lektion die Lektion der heiligen Schrift übernimmt, weil die ganze Schule und wir alle das sehr begehren. Er ist von Gottes besonderen Gnaden reichlich begabt und kann die Schrift auch besser als ich selbst lesen. Obwohl ich es schon gern selbst tun würde, muss ich, wenn ich nicht durch ihm entlastet werde, die Bibelübersetzung aufgeben. Er wehrt sich dagegen mit dem einzigen Widerwort, er sei von E.C.f.g. bestellt und besoldet für die griechische Lektion. Die müsse er vertreten und nicht davon ablassen. Deswegen meine untertänigste Bitte, E.C.f.g. wolle überlegen wegen der lieben Jugend und zur weiteren Förderung des Evangeliums Gottes, ob es E.C.f.g. möglich wäre, dass ihm der Sold auf das Lehren der heiligen Schrift angerechnet wird, zumal viele jüngere Leute da sind, die griechische Lektion außerordentlich gut versehen können. Es ist nicht gut, dass er immer mit der kindischen Lektion umgeht und eine bessere versäumt, da er viel Frucht schafft, die nicht mit Geld noch Sold belohnt werden kann. Wollte Gott, wir hätten deren mehr, die so wie er lehren können. Wenn E.C.f.g. bereit ist, solches zu tun, bitte ich, er wolle daselbst Philipp ernsthaft einbinden, dass er die Schrift mit Fleiß lehrt. Und wenn man ihm mehr Sold gibt, so soll und muss es hierfür sein. E.C.f.g. sei der Barmherzigkeit Gottes befohlen. Amen.[38]

Im Brief an Spalatin vom 27. Mai 1525 verändert Luther das ihm zugesandte Formular für die Beisetzung von Kurfürst Friedrich so, dass er damit die Grundlage für ein protestantisches Beisetzungsritual schafft.

»Gnade und Frieden zuvor! Lieber Herr Spalatin! Ihr erhaltet anbei unser Gutachten über die Zeremonien bei der Beisetzung des Kurfürsten. Wie bitter ist der Tod, nicht für die, welche sterben, sondern für die, welche sie im Leben zurücklassen.

Interrogatoria [Überlegungen]: Die übliche weltliche Feier beim Todesfall großer Herren soll eine christliche Änderung erfahren. Ursache: Unser Fürst hat in christlicher Weise seinen Abschied genommen. Deshalb soll auch die Feier zu seinem Gedächtnis in Gottes Ordnung und durch seine Gnade ausgeführt werden und alles, was unchristlich oder ärgerlich ist, wegfallen.«[39]

2.2 JOHANN DER BESTÄNDIGE

»Nach meines lieben Bruders End
bleibt auf mir das ganze Regiment
mit großer Sorge und mancher Gefahr,
da der Bauer toll und töricht war.
Die Aufruhr fast in allem Land
wie großes Feuer im Wald entbrannt,
welches ich half dämpfen mit Gott,
der Deutschland errettet aus der Not.
Der Rottengeister Feind ich war,
hielt im Land das Wort rein und klar.
Groß Dräuen, bittern Hass und Neid
um Gottes Wortes willen ich leid,
frei bekannt ich es aus Herzensgrund
und persönlich ich selbst da stund
für den Kaiser und ganzem Reich.
Von Fürsten geschah vorher nie desgleich.
Solches gab mir mein Gott besonders,
und für die Welt war es ein Wunder.
Um Land und Leute zu bringen mich,
hofften beide, Freund und Feind, gewisslich.

Ferdinand zum Römischen Kaiser gemacht,
und seine Wahl ich allein anfacht,
auf dass das alte Recht bestund,
in der Goldenen Bulle gegrund.
Wiewohl das großen Zorn erregt,
mich doch mehr Recht denn Gunst bewegt.
Das Herz gab Gott dem Kaiser zart,
mein guter Freund er zuletzt ward,
dass ich mein End in Frieden beschloss.
Fast sehr den Teufel das verdross.
Erfahren hab ich es und zeuge dar,
wie uns die Schrift sagt und ist wahr:
Wer Gott mit Ernst vertrauen kann,
der bleibt ein unverdorben Mann,
es zürne Teufel oder Welt,
den Sieg er doch zuletzt behält.«[40]

Johann der Beständige, der jüngere Bruder Friedrichs dem Weisen, regierte bereits frühzeitig mit
seinem Bruder und hatte in Weimar eine eigene Hof-
haltung. Schon 1520 zeigte er sich Luthers Refor-
mationsanliegen gegenüber offen. Luther widmete
ihm seine Schriften *Von den guten Werken* und *Von
weltlicher Obrigkeit, wie weit man ihr Gehorsam
schuldig sei.*
In einem Brief an Spalatin vom 1. Januar 1527
kontrastiert Luther die beiden Kurfürsten: »Denn
wenn du rätst, dass er nach dem Vorbild seines Bruders befehlen und herrschen soll, weißt du selbst,
dass dies nicht zu hoffen ist. Der ehrliche Mann ist
den Tücken aller Menschen ausgesetzt. Und er
glaubt, dass alle Menschen ihm gleich sind: gut und

zuverlässig.« Auf die Selbstherrlichkeit von Friedrich und die Gutmütigkeit von Johann weist Luther auch in anderem Zusammenhang hin. »Am 28. Juli [1532] kam D. M. Luther wieder von Torgau und unter anderem sagte er von der trefflichen Geduld und Langmütigkeit des alten Herrn, der sich nicht bewegen lässt durch den Ungehorsam seiner Leute, hofft und wartet allezeit, sie würden sich bessern und fromm werden. Das, sprach der Doktor, das wäre geschehen, weil er von Predigern also gelehrt und beredet wurde. Denn er hatte von Jugend auf die Mönche, seine Beichtväter gehört. Die gaben vor: Ein Fürst sollte nicht zornig, sondern sanftmütig, barmherzig, und geduldig sein. Sie haben ihn allein gelehrt, was nur einzelne Personen, so nicht in Ämtern sind, angehet, gleich als dürfte noch gebührte einem Fürsten nicht, dass er zürnt, Rache übt, die bösen Buben straft noch die Frommen gegen Gewalt und Unrecht schützt und verteidigt. Davon kann er noch nicht lassen, weil er in dem unterwiesen ist von Kindheit auf, gleichwie auch ich meine Möncherei nicht ganz ablegen noch vergessen kann.« (TR 3265b)

Nach dem Beginn seiner Alleinregierung 1525 intensiviert sich das Verhältnis, was sich sowohl in persönlichen Begegnungen wie auch in der Dichte der Korrespondenz zeigt. Der Briefwechsel richtet sich insbesondere auf Fragen des Bekenntnisses (*Augsburger Bekenntnis* und Melanchthons *Apologie*), den Aufbau der evangelischen Gemeinde, die Kirchen- und Schulvisitation und die Entwicklung der Wittenberger Universität.

Johann stirbt 1532 nach nur siebenjähriger Regierungszeit als Kurfürst im Alter von 63 Jahren. Lu-

ther hält zwei Trauerpredigten, in denen er seine Hochschätzung zum Ausdruck bringt und sagt, dass er »ein sehr frommer, freundlicher Mann gewesen ist, ohne allen Falsch, bei dem ich noch nie mein Lebtag einigen Stolz noch Neid gespürt habe, der alles leicht ertragen und vergeben konnte und mehr und mehr zu mild gewesen ist.« (WA 36,245)
Luthers Trostbrief an Kurfürst Johann zum Tod von Kurfürst Friedrich:

Wittenberg, 15. Mai 1525

Gnade und Friede in Christus! Durchlauchtigster, hochgeborener Fürst, gnädigster Herr! Ich habe jetzt freilich Ursache, E.C.f.g. zu schreiben, wenn ich nur wohl schreiben könnte. Nachdem der allmächtige Gott uns das Haupt, unseren gnädigsten Kurfürsten, E.C.f.g. Bruder, in dieser gefährlichen, gräulichen Zeit weggenommen hat und uns im Jammer stecken lässt, insbesondere E.C.f.g., die das ganze Unglück verspürt, dass E.C.f.g. mit dem Psalter [40,13] sagen mag: »Es haben mich Unfall umgeben, deren keine Zahl ist. Und es sind mehr denn Haare auf meinem Haupt, dass ich auch nichts mehr sehen kann«.

Doch Gott ist treu und er lässt nicht seinen Zorn über die Barmherzigkeit walten bei denen, die ihm vertrauen. Sondern er gibt auch Mut und Kraft zu tragen und endlich Wege und Weise, wie man es los werde, dass wir auch wiederum mögen mit dem Psalter sagen: »Der Herr hat mich zwar gestäubt, aber er hat mich dem Tode nicht überantwortet.« Und abermals: »Die Gerechten, (das sind die Gläubigen) müssen viel Unglück leiden, aber der Herr erlöst sie aus dem allen.« So tröstet auch Salomo und spricht: »Wen Gott liebt, den züchtigt er und hat seine Lust an ihm gleichwie an einem Sohn. Darum, mein Sohn, wirf nicht von dir Gottes Strafe und werde nicht müde, wenn du von ihm gezüchtigt wirst.« Und Christus selbst: »In der Welt werdet ihr Gedränge haben, aber in mir den Frieden.«

Das ist die Schule, in der uns Gott züchtigt und lehrt, auf ihn zu trauen, auf dass der Glaube nicht immer auf der Zunge und in den Ohren schwebe, sondern auch im Grunde des Herzens rechtschaffen werde. In dieser Schule ist jetzt E.C.f.g. freilich auch. Und Gott hat das Haupt ohne Zweifel genommen, auf dass er selbst an dessen Statt desto näher an E.C.f.g. komme und lehre sie, dieses Menschen tröstliche und liebliche Zuversicht zu lassen und zu übergeben und allein an seiner Güte und Kraft stark und getrost zu werden, was viel tröstlicher und lieblicher ist.

Solches habe ich jetzt E.C.f.g. in der Eile zum Trost geschrieben. E.C.f.g. wollen es gnädig annehmen und sich weiter am Psalter und der heiligen Schrift, die vielfachen Trostes reich ist, erfreuen. Hiermit Gott befohlen.[41]

Auf ein (verlorenes) Schreiben Luthers antwortet Kurfürst Johann.

Eisenach, 1. Juni 1525

Unsern Gruß zuvor! Würdiger und Hochgelehrter, Lieber, Andächtiger!

Wir haben euer Schreiben erhalten. Sofern es die Versorgung der Universität zu Wittenberg mit den notwendigsten Personen betrifft, wollen wir Euch mitteilen, dass wir dieses löbliche Werk nicht untergehen lassen, sondern dazu beitragen werden, dass es zunimmt und für die ganze Christenheit und die deutsche Nation tröstlich sein möge. Wie es der Wille von Kurfürst Friedrich war. Da wir aber wegen der beschwerlichen Umstände nicht alles nach Euren Angaben ständig verordnen können, bitten wir gnädig, dass Ihr die Personen, die Ihr uns angebt und die Vorlesungen halten sollen, veranlasst, dass sie es mit Fleiß tun. Denn so uns Gott der Allmächtige hilft, woran wir nicht zweifeln, dass wir hier außen in diesen Landen die unsinnigen Empörungen stillen und uns in das kurfürstliche Amt zu Sachsen verfügen werden, wollen wir mit dem Rat und den Bedenken von Euren und anderen Gelehrten Wege vornehmen, damit uns zur Erhaltung der Universität Gott zu Lob und der gemeinen Christenheit zugute kein Mangel vorgehalten werden soll.[42]

> Nachdem er sich um die Universität bemüht hat, setzt sich Luther für die Pfarreien und für Visitationen ein.

Wittenberg, 31. Oktober 1525

Zuerst, gnädigster Herr, entschuldige ich mich, dass ich so hart angeregt habe, die Universität zu ordnen.

Danach, gnädigster Herr, da die Universität nun in ihrer Ordnung steht, sind noch zwei Sachen, die Einsicht und Ordnung von E.C.f.g. als weltlicher Obrigkeit fordern.

Das Erste, dass die Pfarreien allenthalben so elend liegen. Da gibt niemand, da zahlt niemand, Opfer und Seelenpfennige sind weggefallen, Zinsen sind nicht da oder zu wenig. Wenn nicht eine mutige Ordnung und staatliche Erhaltung der Pfarren und Predigtstühle von E.C.f.g. vorgenommen werden, wird in kurzer Zeit bei Pfarren und Schulen einiges geschehen, wodurch Gottes Wort und Dienst zu Boden gehen. E.C.f.g. wird hier wohl Mittel finden. Es gibt Klöster, Stifte, Lehen und Spenden und anderes genug, wenn nur E.C.f.g. Befehl veranlasst, sie zu besehen, zu verrechnen und zu ordnen. Gott wird dazu seinen Segen und sein Gedeihen geben, damit die Ordnung, so die Seelen betrifft, als die hohe Schule und der Gottesdienst nicht aus Mangel verhindert werden. Dafür erbitten wir seine göttliche Gnade. Amen.

Das andere, über das ich mit E.C.f.g. einmal zu Wittenberg gesprochen habe, ist, dass E.C.f.g. auch das weltliche Regiment visitieren lassen, wie Räte und Städte und alle anderen Amtleute regieren und dem gemeinen Nutzen vorstehen. Denn es gibt eine große Klage allenthalben über böses Regiment in den Städten und auf dem Land. Darauf zu sehen gebührt E.C.f.g. als einem Haupt und Landesfürsten. Und vielleicht werden die vielen Zettel, Sachen und Klagen bei Hof weniger, wenn solche Visitation und gute Ordnung staatlich eingeführt wird.

Solches alles wollen E.C.f.g. als untertänige Anregung von mir gnädig annehmen, weil E.C.f.g. sieht und merkt, dass ich es gut meine. Gott gebe dazu gnädig seinen Geist mit vollem Licht und Macht in E.C.f.g. Herz, um zu tun, was ihm wohlgefällt. Amen.[43]

Eine Woche später antwortet Kurfürst Johann auf Luthers Schreiben vom 31. Oktober 1525.

Torgau, 7. November 1525

Unsern Gruß zuvor! Ehrwürdiger, Hochgelehrter, Lieber, Andächtiger! Ihr habt uns in der vergangenen Woche geschrieben und unter anderem eine Entschuldigung vorgebracht, weil Ihr uns wegen der Ordnung der Universität so viele Anregungen gegeben habt. Euer Schreiben haben wir gelesen und wir sind mit Eurer Entschuldigung gnädig und wohl zufrieden. Denn wir wissen, dass es von Euch wohlgemeint und im besten Sinne geschehen ist.

Und dass Ihr weiter anzeigt, dass die Pfarren alle so elend liegen, dass niemand nichts gibt oder bezahlt, außerdem, dass Opfer und Seelenpfennig weggefallen wären, dass uns als der weltlichen Obrigkeit Einsicht und Ordnung zu machen gebührt, damit die Pfarrer und Prediger besser erhalten etc.

Nun mag es wohl sein, dass die Opfer und dergleichen allgemeine Zuwendungen der Pfarren und Predigtstühle weggefallen sind und dass auch die Leute mit den Zinsen, Pachten und dergleichen, die sie früher dazugegeben haben, künftig etwas nachlassen. Sollten wir nun diese Pfarren und Predigtstühle von dem Einkommen unseres Amts- und Kammerguts versorgen, so wird uns das, wie Ihr verstehen werdet, schwer fallen. Wir sind aber der Meinung, dass es möglich wäre, dass die Bürger in den Städten, desgleichen die auf dem Land, von ihrem eigenen Gut oder den geistlichen Lehen, die sie zu verleihen haben, etwas dazutun, damit sich die Pfarrer und Prediger, die ihnen das Wort Gottes verkündigen und die heiligen Sakramente reichen, desto besser erhalten können.

Bezüglich des dritten Artikels, das weltliche Regiment zu visitieren, wie die Räte in den Städten und die Amtleute regieren, worüber Ihr einst in Wittenberg mit uns geredet habt, wollen wir Euch unsere gnädige Meinung nicht verbergen, dass wir etliche unserer Ämter unlängst von Neuem mit Amtleuten besetzt haben mit der Vorstellung, dass unsere Untertanen in den Städten und auf dem Land in ihren Angelegenheiten bei denselben Hilfe, Rat und Trost finden sollen, damit ihnen bei ihren Gebrechen und Anliegen geholfen wird. Wir wären auch vor einiger Zeit wohl geneigt gewesen, in allen unseren Ämtern und Städten zu verordnen und darauf zu achten, wie es mit ihrer Ordnung und Regiment aussieht. Es ist aber vornehmlich wegen dem Aufruhr, der uns vor einiger Zeit vor Augen stand, auch anderer unserer wichtigen Geschäfte wegen unterblieben. Wir wollen es aber mit Gottes Hilfe zu anderer Zeit und Gelegenheit nachholen, auch das vornehmen, was zu Gottes Lob und Ehre, der Ausbreitung seines heiligen Wortes und zum gemeinen Nutzen, auch zu guter Ordnung nötig ist.

Das wollten wir Euch in gnädiger Meinung nicht vorenthalten. Denn wir sind Euch in Gnaden geneigt.[44]

Fünf Tage nach dem folgenden Brief wandte sich Kurfürst Johann gegen den Nachdruck von Luthers Büchern und sandte ein grundsätzliches Schreiben zum Schutz der Wittenberger Drucker an die Räte von Erfurt, Zwickau, Grimma und Eilenburg: Die vielfältigen Nachdrucksverfahren seien ihm mitgeteilt worden, und das sei nicht erlaubt und für die Wittenberger Drucker schädlich. »Ihr wollet bei den Druckern bei Euch bei Strafe verfügen, dass sie die Bücher, die in Wittenberg gedruckt werden und erscheinen, ein Jahr lang nicht nachdrucken und anbieten dürfen.«

Torgau, 16. März 1526

Unsern Gruß zuvor! Ehrwürdiger, Hochgelehrter, Lieber, Andächtiger! Wir haben Euer Schreiben erhalten, in dem Ihr mitteilt, dass die ausländischen Drucker zum Nachteil der Wittenberger Eure Bücher häufig und so nachdrucken, dass Ihr sie selbst nicht mehr wiedererkennt. Wir wären gern bereit, Eurer Bitte stattzugeben, dass sie nur an bestimmten Orten veröffentlicht werden, wie es der Papst, Kaiserliche

Majestät und die Venediger bei ihren Druckern tun. Wir befürchten jedoch, dass wir damit eine Unrichtigkeit einführen würden. Wir schlagen deshalb vor, dass Ihr uns vorher anzeigt, wenn Ihr etwas Neues in Wittenberg drucken wollt. Dann werden wir verfügen, dass während einer längeren Zeit diese Schrift in unsrem Fürstentum niemand nachdrucken darf. Das wollen wir auch außerhalb unseres Landes fordern, damit es soweit möglich unterbleibt. Falls Ihr meint, dass das den Druckern und Euch selbst genügt, wollen wir Eure weitere Erinnerung gnädig zur Kenntnis nehmen.[45]

Luther beantragt eine Kirchen- und Schulvisitation.

Wittenberg, 22. November 1526

Ich habe E.C.f.g. lange keine Bittschriften vorgetragen. Die haben sich nun angesammelt. E.C.f.g. wollen Geduld haben; denn es will und kann nicht anders sein.

Erstens, gnädigster Herr, ist das Klagen der Pfarrherren fast an allen Orten über alle Maßen viel. Die Bauern wollen nichts mehr geben, und es ist unter den Leuten für das heilige Gotteswort ein solcher Undank, dass es zweifellos eine Plage Gottes ist. Und wenn ich es mit gutem Gewissen tun könnte, so möchte ich wohl dazu verhelfen, dass sie keinen Pfarrherren noch Prediger hätten und lebten wie die Säue, wie sie es ohnehin tun. Da ist keine Furcht Gottes noch Zucht mehr, weil des Papstes Bann aufgehört hat und jedermann tut, was er nur will.

Weil aber uns allen, insbesondere der Obrigkeit, geboten ist, vor allen Dingen doch die arme Jugend, die täglich geboren wird und daherwächst, zu erziehen und zu Gottesfurcht und Zucht anzuhalten, muss man Schulen und Prediger und Pfarrherren haben. Wollen die Eltern nicht, mögen sie immerhin zum Teufel fahren. Aber wo die Jugend versäumt wird und unerzogen bleibt, da ist das die Schuld der Obrigkeit. Dazu wird das Land voll wilder, loser Leute, so dass nicht allein Gottes Gebot, sondern auch unser aller Not zwingt, hierin Fleiß anzuwenden.

Da nun aber in E.C.f.g. Fürstentum der päpstliche und geistliche Zwang und Ordnung zu Ende sind und alle Klöster und Stifte E.C.f.g. als dem obersten Haupt in die Hände fallen, kommen zugleich auch die Pflicht und Beschwernis, solches zu ordnen. Denn sonst nimmt sich niemand dessen an, noch kann und soll er es. Deshalb, wie ich das alles mit E.C.f.g. Kanzler [Gregor Brück] und auch Herrn Nikolaus vom Ende beredet habe, wird es vonnöten sein, vor allem von E.C.f.g., die Gott in solchem Fall dazu gefordert und zu der Tat befiehlt, von vier Personen das Land visitieren zu lassen: zwei, die für die Einkünfte und Güter, zwei, die für die Lehre und Personen sachverständig sind, dass dieselben auf E.C.f.g. Befehl die Schulen und Pfarren, wo es nötig ist, einrichten, anordnen und versorgen.

Wo nun keine Stadt oder kein Dorf ist, die das vermögen, hat E.C.f.g. die Macht, sie zu zwingen, dass sie Schulen, Predigtstühle, Pfarren halten. Wollen sie es nicht um ihrer Seligkeit willen tun noch bedenken, so ist E.C.f.g. da als oberster Vormund der Jugend und aller, die es bedürfen, und soll sie mit Gewalt dazu anhalten, dass sie es tun müssen, gleich als wenn man sie mit Gewalt zwingt, dass sie zu Brücke, Steg und Weg oder sonst vorkommender Landesnot geben und dienen müssen.

Was das Land bedarf und ihm nötig ist, dazu sollen diejenigen geben und helfen, die des Landes gebrauchen und genießen. Nun gibt es kein nötigeres Ding, als Leute zu erziehen, die nach uns kommen und regieren sollen. Sind sie aber nicht dazu im Stande und sonst zu hoch beschweret, so sind da die Klostergüter, welche vornehmlich dazu gestiftet und noch dazu zu gebrauchen sind, den gemeinen Mann umso mehr zu verschonen. Denn es ist nicht zu verantworten, dass die Schulen und Pfarren daniederliegen, und der Adel sollte die Klostergüter an sich bringen; wie man denn schon sagt und es auch etliche tun. Weil nun solche Güter der Kammer von E.C.f.g. für nichts Besseres und letztlich doch für den Gottesdienst gestiftet wurden, sollen sie billig hierzu zuerst dienen. Was hernach übrig bleibt, mag E.C.f.g. zur Notdurft des Landes oder an arme Leute wenden.[46]

Kurfürst Johann bittet Luther, dass er und seine Familie wegen der Pest mit der Universität nach Jena ziehen. Luthers Antwort ist nicht erhalten. Er bleibt in Wittenberg und setzt mit wenigen Studenten seine Lehrtätigkeit fort.

Wittenberg, 10. August 1527

Unseren Gruß zuvor! Ehrwürdiger, Hochgelehrter, Lieber, Andächtiger! Da ihr zweifellos wisst, dass wir den Personen unserer Universität zu Wittenberg auf ihre untertänige Bitte und ihr Ersuchen der zahlreichen Sterbensfälle wegen nach Jena zu ziehen erlaubt haben und uns berichtet wurde, dass Ihr von Wittenberg nicht wegziehen wollt. Nun möchten wir aus vielen Ursachen und um Euer selbst willen es nicht gern sehen, dass Ihr Euch in dieser Zeit von der Universität trennt und absondert, vor allem weil Ihr wisst, was täglich wegen des göttlichen Wortes und der Sakramente vorfällt. Darum ist unser gnädiges Begehren, Ihr möchtet Eure Sache danach richten und Euch mit Weib und

Kind auch nach Jena begeben. Und wenn Ihr dazu neigt, wie wir es vorsehen, so teilt uns das mit. Dann wollen wir verordnen, dass Ihr mit Weib und Kind besser dorthin kommen könnt. Das wollten wir Euch in gnädiger Meinung nicht verschweigen, und tut es uns zu Gefallen.[47]

> Luther bittet Kurfürst Johann, dass er das Wittenberger Franziskanerkloster zu einem Armenhaus einrichtet. Mit Schreiben vom 11. Oktober erklärt der Kurfürst dem Rat, er wünsche, dass alles den armen Leuten zu ihrer Bequemlichkeit in gutem Zustand übergeben werde.

Wittenberg, 16. September 1527

Gnade und Friede in Christus Jesus! Durchlauchtigster, hochgeborener Fürst, gnädigster Herr! E.K.F.G. haben neulich dem Rat zu Wittenberg das Barfüßerkloster für die Kranken eingerichtet. Deshalb haben wir, der Pfarrherr und ich, zusammen mit dem Rat dasselbe besichtigt und befunden, dass Gregor Burger das beste und nützlichste Stück – Badstuben, Brauhaus und andere gebräuchliche Gemächer und Räume, ohne die der andere Teil des Klosters wenig nütze ist – von E.K.F.G. erhält. Als wir mit ihm darüber geredet haben, hat er sich willig erzeigt, es den armen Leuten zugute abzutreten in der Hoffnung, dass E.K.F.G. ihn wohl anders begnaden würden.

Weil ein solches Kloster als ein altes fürstliches Begräbnis niemals besser gebraucht wird (nachdem beider, Juden und Heiden Begräbnis in großen Ehren gehalten), als dass man es zu Gottes der armen Leute Dienst und verordnet, an denen man Christus selbst dient, ist neben dem Rat meine untertänige Bitte, E.K.F.G. möchten dieses Kloster samt

Gregor Burgers Raum und Gebäude unserem Herrn Jesus Christus zu einer Herberge und Wohnung für seine armen Glieder verordnen und geben (denn er spricht: Was ihr meinen Geringsten tut, das tut ihr mir), daneben dem Rat auch ernsthaft befehlen, dass er es brauchbar und ohne Abbruch zurichtet, damit nicht mit der Zeit Greifenklauen dranfallen und herabzwacken. Hiermit Gott befohlen.[48]

Luther sendet zusammen mit Bugenhagen die Visitationsordnung nach der Überprüfung mit wenigen Änderung zurück.

Wittenberg, 12. Oktober 1527

Unser Pfarrherr, Herr Johann Pomer [Bugenhagen], und ich haben der Visitatoren Acta durchgelesen und wenig darin geändert, wie E.K.F.G. dabei verzeichnet erkennen werden. Denn es gefällt uns alles sehr, weil es für das Volk aufs Einfältigste dargestellt ist. Dass aber die Gegner rühmen möchten, wir kröchen wieder zurück, ist nicht groß zu achten, es wird wohl stille werden. Wer etwas Göttliches vornimmt, der muss dem Teufel das Maul lassen, dawider zu reden und zu lügen, wie ich es bisher habe tun müssen.

Und es ist mehr darauf zu sehen, dass die Unseren, die den Predigern nicht geneigt sind, nicht hieraus schöpfen Ursache und Gewalt gegen sie, dass sie predigen müssen, was sie wollen, wie es etliche an vielen Orten schon vorgenommen haben. Auch kann man nicht alles auf einmal feststellen, wie es gehen soll. Es ist damit nichts als der Same ausgestreut. Wenn er nun aufgeht, werden sich Unkraut und der Fehler so viele finden, dass des Jätens und Flickens genug sein wird.

Denn Ordnung erstellen und aufgestellte Ordnung halten, sind zwei Dinge weit auseinander. Der Prediger Salomo 11,6 lehrt, man müsse tun, so viel man kann, und nicht ablassen, was andere gehen lassen, wie es gehet, und Gott anbefehlen, wie es denn im weltlichen Regiment auch zugehet. Christus, unser Herr, sei mit E.K.F.G. selig zu leben und zu regieren. Amen.[49]

Luther und Melanchthon sind erfreut über einen Brief des Kurfürsten und hoffen auf Erhaltung des Friedens.

Wittenberg, 18. Mai 1528

Wir haben E.k.f.g. Brief untertänig und mit Freuden vernommen. Wir hoffen sehr fest, dass Christus, unser Herr, unser Gebet erhört hat und es vollends erhören wird zum allerbesten, wie wir bisher getan und noch täglich tun, mit allem Fleiß beten und zum Beten ermahnen, dass Gott, der Vater des Friedens und Trostes, werde nicht nur gute Mittel zum Frieden vorlegen (wie wir denn hören), sondern auch Willen und Sinn geben, solche Mittel anzunehmen und mit allen Wegen den Krieg zu fliehen und meiden und Frieden zu suchen, wie er es denn auch durch seinen lieben Apostel gebietet [2. Kor. 13,11]: Jagt dem Frieden nach, so wird Gott in Frieden mit euch sein. Und abermals [Röm. 12,18]: So viel an euch ist, haltet mit jedermann Frieden. Denn es wird ohnehin Unfrieden genug sein und Krieg allzu viel sich finden. Man darf den Teufel nicht über die Tür malen noch zum Gevatter bitten. Der barmherzige Gott gebe E.k.f.g. Gnade und Stärke, seinen Willen zu lieben und zu tun.[50]

Am 22. April 1529 schlossen Kursachsen und Hessen und die Städte Straßburg, Nürnberg und Ulm in Speyer ein Geheimabkommen zum Schutz der Reformation gegen Angriffe ab. Im Blick auf den früheren in Torgau zwischen dem Kurfürsten und dem Landgrafen von Hessen abgeschlossenen Vertrag, dass beide den vermeintlichen Gegnern durch einen Präventivkrieg zuvorkommen wollten, warnt Luther vor diesem neuen Vertrag mit dem Landgrafen.

Wittenberg, 22. Mai 1529

M. Philipp [Melanchthon] hat mir vom Reichstag [in Speyer] berichtet, dass ein neues Bündnis vorhanden sein soll, besonders M.G. Herrn Landgrafen zu Hessen mit etlichen Städten. Das hat mich nicht wenig bewegt, nachdem ich mich vor einem Jahr daran verbrannt habe, als uns Gott durch wunderbare Gnade aus dem gefährlichen Bündnis erlöste. Und obwohl ich hoffte, Gott werde uns künftig behüten und E.K.F.G. seinen Geist und Rat geben, sich hinfort vor solchem und dergleichen Bündnis zu bewahren, habe ich es doch aus übergroßer Sorge und Zwang meines Gewissens nicht lassen können, E.K.F.G. davon zu schreiben, da ich weiß und erfahren habe, dass man dem Teufel und seinen Lüsten nicht fleißig genug zuvorkommen kann. Christus, unser Herr, wird es durch unser Gebet geben, dass, wenn der Landgraf mit seinem Bundmachen gleich fortführe (wovor Gott gnädig sein wolle), doch E.K.F.G. sich nicht mit darein flechten und binden lassen. Denn was für Unheil daraus folgen will, können wir nicht alles ausdenken.

Erstlich ist gewiss, dass solches Bündnis nicht aus Gott noch aus Vertrauen zu Gott geschieht, sondern aus menschlichem Witz und allein um menschliche Hilfe zu suchen, darauf zu trotzen, was keinen guten Grund hat und dazu keine gute Frucht bringen kann mit Rücksicht darauf, dass solches Bündnis unnötig ist. Denn der Papisten Haufen vermag nicht so viel, noch hat er so viel Herz, dass sie etwas anfangen sollten, und Gott hat uns bereits gegen sie mit guten Mauern seiner Macht verwahrt. So schafft auch solches Bündnis nicht mehr, als dass die Gegenpartei veranlasst wird, auch ein Bündnis zu machen, und dass sie vielleicht, zu Wehr und Schutz, daneben dann tun möchten, was sie sonst wohl ließen. Zudem ist zu besorgen und vielleicht allzu gewiss, dass der Landgraf, wenn er ein solches Bündnis gestiftet hat, da er ein unruhiger junger Fürst ist, nicht stille halten, sondern wie es im vorigen Jahr geschah, eine Ursache finden möchte, nicht allein zu schützen, sondern auch anzugreifen. Es ist nicht göttlich, dass wir uns so stellen, da uns doch noch niemand jagt noch anzugreifen sucht.

Zum anderen, und das ist das allerärgste, dass wir in solchem Bündnis diejenigen haben müssen, die wider Gott und das Sakrament streben [Luther meint die Zwingli zuneigenden oberdeutschen Städte] als die mutwilligen Feinde Gottes und seines Wortes. Dadurch müssen wir alle ihre Untugend und Lästerung auf uns laden, uns ihrer teilhaftig machen und sie verfechten, so dass fürwahr kein gefährlicherer Bund geschlossen werden könnte, um das Evangelium zu schänden und zu dämpfen, dazu uns mit Leib und Seele zu verdammen. Das sucht der Teufel leider. Will es nicht anders sein, so helfe Gott, dass E.K.F.G. den Landgrafen lasse und sei abgesondert, wie ich höre, dass mein G. Herr Markgraf Georg gesagt hat und tut. Unser Herr Christus, der bisher E.K.F.G. ohne den Landgrafen, ja wider den Landgrafen wunderbar geholfen hat, wird wohl weiter helfen und raten.

Zum dritten hat Gott im Alten Testament allezeit solches Bündnis menschlicher Hilfe verdammt, wie Jesaja 30,15 spricht: »Wenn ihr stille bleibet und trauet, so soll euch geholfen werden.« Denn wir sollen Kinder des Glaubens zu Gott sein, in rechter Zuversicht. Sollen wir aber Bündnisse haben, so wird er sie uns ohne unser Suchen und Sorgen schicken, wie er Matth. 6 verheißt: Sorget nicht, solches alles soll euch zukommen, wenn ihr zuerst Gottes Reich sucht. Und St. Petrus spricht: »Alle eure Sorge werfet auf ihn, denn er sorget für euch«, und Jesaja: »Wer bist du, dass du dich fürchtest vor sterblichen Menschen?« Dem Landgrafen, der einmal so schmerzlich gefehlt hat, wird nicht zu trauen sein, vor allem weil er bisher keine Änderung noch irgendwelche Reue oder Leid deswegen gespürt hat.

Solches habe ich E.K.F.G. untertänig schreiben wollen in der Hoffnung, Christus habe solches bereits besser und mehr in E.K.F.G. Herz gegeben. Wir bitten und wollen bitten, wollen auch erhört sein, dass Gott, der Vater aller Gnaden, uns rate, E.K.F.G. behüte vor allen listigen Anläufen und Versuchungen des Teufels. Amen. E.K.F.G. halten mir solches Schreiben gnädig zugute.[51]

Kurfürst Johann bittet Luther, das Predigen nicht ganz zu unterlassen, sondern wenigstens sonntags einmal zu predigen. Wenn ihn das ungeschickte Verhalten der Wittenberger ärgere, so werde der Kurfürst Abhilfe schaffen. An den beiden nächsten Sonntagen, dem 23. und 30. Januar, predigt Luther wieder, aber im Februar und Anfang März nicht.

Torgau, 18. Januar 1530

Unseren Gruß zuvor! Ehrwürdiger, Hochgelehrter, Lieber, Andächtiger! Wir haben vor einigen Wochen erfahren, dass Ihr in unserer Stadt- und Pfarrkirche zu Wittenberg zu predigen aufgehört haben sollt, was uns sehr bekümmert, vor allem weil wir nicht wissen können, warum dem so ist, ob es wegen Eures Leibes oder wegen anderer Dinge, die Euch beschweren, geschehen ist. Denn wenn Ihr Eures Leibes wegen nicht in der Woche öfter predigen könnt, so möchten wir, dass Euch die Bürde wohl könnte so gelindert werden, dass Ihr in der Woche nur einmal predigt, also sonntags mit der Messe. Gäbe es aber der Unseren zu Wittenberg wegen Beschwernis, so hören wir das nicht gern. Es wäre uns auch ganz beschwerlich zu vernehmen, dass durch das ungeschickte Wesen einiger Euer Predigen nachlässt. Weil Ihr besser wisst, als wir Euch anzeigen mögen, dass nicht allein wegen derer von Wittenberg, sondern auch anderer Lande und fremder Leute wegen daran gelegen ist, dass Ihr damit nicht aufhört. So ergeht an Euch unser besonders gnädiges Begehren, Ihr wollt Euch dem Allmächtigen zum Lob und der armen beschwerten Leute zum Trost vom Predigen nicht ganz und gar abwenden, sondern, falls Ihr es vermögt, doch wenigstens am Sonntag jeder Woche einmal predigen. Und sind die Unseren zu Wittenberg vielleicht ihres ungeschickten Verhaltens wegen die Ursache, so sind wir bereit und wollen, worin wir als Landesfürst Einfluss haben, mit der Hilfe des Allmächtigen uns bemühen, dass die Beschwernisse oder ihre Ursachen abgestellt werden. Denn solltet Ihr Euch des Predigens gänzlich entäußern, würdet Ihr uns als dem Landesherrn der Unseren wegen viel Beschwernis bereiten. Und es wäre auch zu befürchten, dass es den Widersachern des heiligen Evangeliums eine besondere Freude bereiten und auch andere beschwerliche Unrichtigkeit herbeiführen könnte. Und wir wollen uns zu Euch gnädig versehen, Ihr werdet Gott zu Lob und uns zu gnädigem Willen wenigstens wöchentlich eine Predigt halten und wieder damit anfangen und nicht nachlassen. Damit tut Ihr uns auch einen sonderlichen gnädigen Gefallen, und wir wollen das in aller Gnade und Güte gegen Euch erkennen.[52]

> Am 24. April 1530 teilt Luther Philipp Melanchthon mit, dass er auf seinem »Sinai« angekommen ist und sich mit dem Psalter, den Propheten und dem Äsop beschäftigen werde. An Justus Jonas schreibt er, dass er sich hier wie im Reich der Vögel fühle. Im Brief an Spalatin spricht er von einem Reichstag der Dohlen, und im Brief an die Wittenberger Tischgesellen vom 28. April 1530 beschreibt er seinen Aufenthalt auf der Coburg und vergleicht ihn mit dem Reichstag in Augsburg als einen Reichstag der Dohlen und Krähen.

»Vor meinem Fenster ist es wie ein kleiner Wald, da haben die Dohlen und Krähen einen Reichstag hingelegt. [...] Ich habe ihren Kaiser noch nicht gesehen, aber sonst schweben und schwänzeln der Adel und die großen Hansen immer vor unseren Augen. [...] Also sitzen wir hier im Reichstag, hören und sehen zu mit großer Lust und Liebe, wie die Fürsten und Herren samt anderen Ständen des Reiches so fröhlich singen und wohl leben. Aber sonderliche Freude haben wir, wenn wir sehen, wie ritterlich sie schwänzeln, den Schnabel wischen und die Wehr stürzen, dass sie siegen und Ehre einlegen gegen Korn und Malz. Wir wünschen ihnen Glück und Heil, dass sie allzumal an einen Zaunstecken gespießt wären.

Ich meine aber, es sei nichts anderes denn die Sophisten und Papisten mit ihrem Predigen und Schreiben, die muss ich alle auf einem Haufen also vor mir haben, auf dass ich höre ihre liebliche Stimme und Predigten und sehe, wie sehr nützlich Volk es ist, alles zu verzehren, was auf Erden, und dafür kecken für die lange Weil. [...] Aus dem Reichstag der Malztürken, den 28. April Anno 1530. Martinus Luther, D.«[53]

> Im Brief an Kurfürst Johann vom 15. Mai 1530 begrüßt Luther das von Melanchthon verfasste Augsburger Bekenntnis (*Apologie*), obwohl es ihm zu milde formuliert ist.
>
> Am 20. Mai spricht er dem Kurfürst Trost zu, wenn er um des Wortes Gottes willen Schmach und Feindschaft leiden muss.
>
> Kurfürst Johann teilt Luther am 25. Juni mit, dass heute auf dem Augsburger Reichstag das Bekenntnis verlesen wird.
>
> Am 3. Oktober beglückwünscht Luther Kurfürst Johann, da er der Hölle von Augsburg entronnen sei.

Veste Coburg, 15. Mai 1530

Ich habe Mag. Philipps Apologie durchgelesen, die gefällt mir sehr wohl, und ich weiß nichts daran zu bessern noch zu ändern. Das würde sich auch nicht schicken, denn ich kann so sanft und leise nicht auftreten. Christus, unser Herr, helfe, dass sie viel und große Frucht schaffe, wie wir hoffen und bitten. Amen.[54]

Durchlauchtigster, hochgeborener Fürst, gnädigster Herr!
Ich habe nun lange gewartet mit der Antwort auf E.K.F.G.
erstes Schreiben aus Augsburg, an mich gnädig gerichtet
mit den neuen Nachrichten und der Vermahnung, dass ich
mir die Zeit an meinem jetzigen Ort nicht lang werden lasse. [...] Die Zeit ist mir fürwahr nicht lang. Wir leben wie
die Herren, und es sind mir diese [fast vier] Wochen daher
so verlaufen, dass sie mir wie kaum drei Tage vorkommen.
Aber E.K.F.G. ist und muss jetzt an einem langweiligen Ort
sein. Da helfe unser lieber Vater im Himmel, dass E.K.F.G.
fest und geduldig bleibe in seiner Gnade, die er uns so reichlich erzeigt. [...] Darüber hinaus erzeigt sich der barmherzige Gott wohl noch gnädiger, dass er sein Wort so mächtig und fruchtbar in E.K.F.G. Land macht. Denn sicherlich
haben die Lande von E.K.F.G. die allerbesten und meisten
guten Pfarrer und Prediger wie sonst kein Land in der Welt,
die so treu und rein lehren und helfen, so schönen Frieden
zu halten. Es wächst jetzt hier die Jugend auf, Jungen und
Mädchen, mit dem Katechismus und der Schrift so gut zu-
gerichtet, dass es mir in meinem Herzen gut tut, dass ich
sehen kann, wie jetzt junge Knaben und Mädchen mehr
beten, glauben und reden können von Gott, von Christus,
als früher und noch jetzt alle Stifte, Klöster und Schulen es
gekonnt haben und noch können. [...] Diese meine Schrift
wolle E.K.F.G. gnädig von mir annehmen. Gott weiß, dass
ich die Wahrheit sage und nicht heuchle. Denn mir ist leid,
dass der Satan E.K.F.G. Herz bekümmern und betrüben
könnte. Ich kenne ihn zum Teil wohl und weiß wohl, wie
er mir mitzuspielen pflegt. Er ist ein trauriger, saurer Geist,
der nicht leiden kann, dass ein Herz fröhlich ist oder Ruhe
hat, sonderlich in Gott. Wie viel weniger wird er es leiden

können, dass E.K.F.G. guten Mutes ist, da er wohl weiß, wie viel an E.K.F.G. Herz uns allen gelegen ist, und nicht nur uns allein, sondern fast der ganzen Welt. Ich wollte fast sagen, auch dem Himmel selbst, weil sicherlich ein großer Teil des Himmelreiches Christi in E.K.F.G. Land erbaut ist ohne Unterlass durch das heilsame Wort. Das weiß er [der Satan] und hat seinen Unwillen daran. Darum sind wir alle schuldig, E.K.F.G. treulich beizustehen mit Beten, Trösten, Lieben, und womit immer wir können. Denn wenn E.K.F.G. fröhlich ist, so leben wir, wenn sie aber betrübt ist, sind wir krank.[55]

Augsburg, 25. Juni 1530

Unsern Gruß zuvor! Ehrwürdiger und Hochgelehrter, Lieber, Andächtiger! Wir wollen Euch den gegenwärtigen Stand unserer Angelegenheit für Gottes Wort mitteilen. [...] Und hat darauf der Kaiser das Predigen in der Stadt verboten. [...] So haben wir mit den anderen Fürsten und Ständen, die uns in dieser Sache verwandt sind, bewilligen müssen, unsere Meinung und das Bekenntnis des Glaubens zu übergeben. Aber unsere Gegner wollten nichts übergeben, sondern wollten dem Kaiser anzeigen, sie hätten sich an das Edikt gehalten und an den Glauben, den ihre Väter ihnen vererbt und überliefert haben. Daran wollten sie auch weiterhin festhalten. Würde sie aber der Papst oder an dessen Statt der Legat, samt Kaiserlicher Majestät, zu etwas anderem anweisen, dass sie einen neuen Glauben annehmen sollen, dann wollten sie des Kaisers Meinung dazu untertänig vernehmen.

Also sind wir [...] erschienen und haben uns erboten, unsere Artikel nach kaiserlichem Begehr in Latein und Deutsch, wenn die deutschen zuvor öffentlich verlesen worden wären, zu übergeben. Aber öffentlich verlesen durften wir trotz vielfältiger untertäniger Bitten nicht. Denn der König und der Gegner haben sich heftig dagegen gewehrt. Aber so viel haben wir erreicht, dass heute der Kaiser diese Artikel in seinem Palast hören will. Da sind aber die Verhältnisse so, dass nicht viele Leute dabei sein können.

Der allmächtige Gott verleihe ferner seine göttliche Gnade, dass die Sachen geschehen zu seinem Lob und Preis. Darum wollt Ihr auch Gott den Allmächtigen bitten und fleißig anrufen, obwohl wir keine Zweifel haben, dass Ihr es auch ohne diese Erinnerung tut. Wie sich die Sachen weiter zutragen werden, wollen wir Euch auch ferner zu erkennen geben. Denn Euch zu Gnaden und allem Guten sind wir gnädig geneigt.[56]

Veste Coburg, 3. Oktober 1530

Ich bin von Herzen erfreut, dass E.k.f.g. mit Gottes Gnaden der Hölle von Augsburg entkommen sind. Und wir hoffen, dass Gottes angefangene Gnade künftig stärker und mehr bei uns ist. Denn sie sind ja genauso in Gottes Hand wie wir und werden nichts tun noch ausrichten, er wolle es denn haben. Auch nicht ein Haar uns oder jemandem krümmen, Gott tue es denn selbst gewaltig. Ich habe die Sache meinem Herrn Gott befohlen. Er hat es angefangen, das weiß ich, er wird es auch hinausführen, das glaube ich. Es ist ja keines Menschen Vermögen, solche Lehre anzufangen oder zu geben. Weil es denn Gottes ist und alles nicht in unserer Hand und Kunst, sondern allein in seiner Hand und Kunst steht, so will ich sehen, wer die sein werden, die Gott selbst übertreffen und übertrotzen wollen. Lass gehen, was geht, im Namen Gottes! Es steht geschrieben: »Die Blutgierigen und Falschen werden ihr Leben nicht bis zur Hälfte bringen.« [Ps. 55,24] Anfangen und dräuen muss man sie lassen, aber vollenden und ausführen, das sollen sie lassen. Christus, unser Herr, stärke E.k.f.g. in einem festen und fröhlichen Geist. Amen.[57]

Torgau, 4. Mai 1531

Unsern Gruß zuvor! Ehrwürdiger, Hochgelehrter, Lieber, Andächtiger! Wir geben Euch gnädige Meinung zu erkennen, dass der hochgeborene Fürst, unser lieber Vetter, Schwager und Gevatter, Herzog Heinrich von Sachsen gestern hierher zu uns gekommen ist. Nun vermerken wir so viel, dass er die Neigung hätte, Euch zu sehen und Eure Predigt zu hören. Weil niemand weiß, was vielleicht Gott der Allmächtige durch solchen Zufall bewirken möchte, so begehren wir gnädig, Ihr möchtet heute in der Nacht ungefähr um zwei Uhr vor dem Tag früh zu Wittenberg auf sein, Euch hierher begeben, und sobald Ihr kommen werdet, so möchtet Ihr uns dieses gleich vermelden. Daran tut Ihr uns zu Gefallen, dessen wir auch mit Gnaden zu erkennen geneigt sind.[58]

Am 4. Februar 1532 überschreibt Kurfürst Johann Luther, seiner Frau und ihren Leibeserben das von ihnen bewohnte *Schwarze Kloster.*

Torgau, 4. Februar 1532

Von Gottes Gnaden wir Johann, Herzog zu Sachsen und Kurfürst, bekennen für uns und unsere Erben und tun kund gegen jedermann: Nachdem der ehrwürdige und hochgelehrte, unser lieber andächtiger Herr Martin Luther, Doktor aus sonderlicher Gnade und Schickung Gottes des Allmächtigen, sich fast von Anfang unserer Universität zu Wittenberg zu Zeiten und der Regierung seinerzeit des hochgeborenen Fürsten, unseres lieben Bruders, Herzog Friedrichs, Kurfürsten, seligen Gedächtnisses, und folgend uns, als angehender regierender Kurfürst bei derselben unserer Universität mit Lehren in der heiligen Schrift, Predigen, Ausbreitung und Verkündigung des heiligen Evangeliums und göttlichen Wortes, dazu mit Anrichtung der christlichen Zeremonien in den Kirchen durch die Visitation in unseren Landen und Fürstentümern, Gott dem Allmächtigen zu Lob und Ehre, auch Trost und Heil der Menschen Seligkeit, bisher reichlich bemüht hat, wie er es noch täglich und ohne Unterlass tut, dass wir ihm nicht unbillig mit besonderer Gnade geneigt sind. So haben wir in Erwägung desselben allen und aus unserer eigenen Bewegnis diesem Doktor Martin Luther, Katharina, seiner ehelichen Frau, und ihrer beider Leibeserben, Söhnen und Töchtern, das neue Haus in unsrer Stadt Wittenberg, welches das Schwarze Kloster genannt wurde, in dem Herr Doktor Martinus bisher gewohnt hat und noch wohnt, mit seinem Begriff und Umfang mitsamt dem Garten und davor gelegenen Hof, nichts davon ausgeschlossen, sondern wie er das Haus jetzt besitzt, gebraucht und innehat, zu einem rechten freien Erbe verschrieben und sie damit begabt und begnadet. Wir verschreiben ihm, seiner Frau und ihren Leibeserben, Söhnen und Töchtern, dieses Haus, begaben und begnaden sie auch damit in und mit Kraft dieses Briefes, dass sie das Haus als ihr Eigentum und Gut künftig innehaben, besitzen, genießen, gebrauchen und wie mit ihrem eigenen freien Erbe und Gut nach ihrem Gefallen und Willen handeln und verfahren sollen und können ohne unsere, unserer Erben und irgendeine Beeinträchtigung und Verhinderung. Doch sollen Doktor Martinus, seine Frau und ihre Erben oder Erbnehmer dieses Haus niemals verkaufen oder jemandem zukommen lassen, sie hätten denn solches [Vorhaben], und an wen sie es zu verkaufen gedenken, uns oder unseren Erben zuvor angezeigt, ob wir oder unsere Erben das Haus für dieselbe Bezahlung oder andere Erstattung, die ihnen ein anderer dafür geben möchte, selbst an uns bringen oder dem Rat zu Wittenberg, wie sich die Gelegenheit ergibt, dass es der Stadt Nutzen oder Bequemlichkeit sein würde, vergönnen wollen. Wir geben auch dem viel genannten Doktor und seiner Ehefrau aus besonderer Gnade die Freiheiten, dass sie zu ihren Lebzeiten aller bürgerlichen Bürde und Last in unserer Stadt Wittenberg für dieses Haus frei sein sollen. Also dass sie keine Verpflichtungen haben und es ihnen erlaubt ist, dass sie mögen brauen, mälzen, ausschenken, Vieh halten und andere bürgerliche Hantierung wie andere unserer Bürger und Einwohner zu Wittenberg treiben. Desgleichen soll ihren Erben und Nachkommen auch zugelassen und ganz ungehindert sein, doch so, dass dieselben ihre Erben und Nachkommen jährlich und erblich 20 unserer Zinsgroschen von diesem Haus auf das Rathaus in Wittenberg geben, und dieselben ihre Erben und Nachkommen alle bürgerliche Pflicht mit Wachen und anderen Bürden davon pflegen, ausgenommen, dass das Haus in keine Land- oder Fürstensteuer und Anlage aus besonderen Gnaden und beweglichen Ursachen gezogen werden soll, sondern Doktor Martinus Luther, Katharina, seine Ehefrau, und ihrer beider Erben hiermit ganz befreit und privilegiert sind. Alles treulich zur Urkunde mit unseren anhängenden Insignien wissentlich besiegelt und gegeben zu Torgau am Sonntag nach unser Lieben Frauen Tag Purificationis nach Christi unseres lieben Herrn Geburt 1532.[59]

Am 27. März 1532 teilt Kurfürst Johann Luther mit, dass er von seiner Krankheit geheilt sei (Briefe 6,276) – Luther schreibt Kurfürst Johann am 28. März 1532, dass er diese Nachricht mit Freuden empfangen habe, und wünscht ihm vollständige Genesung.

Wittenberg, 28. März 1532

Gnade und Frieden in Christus! Durchlauchtigster, hochgeborener Fürst, gnädigster Herr! Ich habe E.k.f.g. fröhliche Schrift mit großen Freuden empfangen und danke Gott, der unser Gebet nicht verachtet und E.k.f.g. Krankheit so gnädig gewendet hat. Und freilich ist wohl zu glauben, wie E.k.f.g. schreiben und allzu oft erfahren, dass sich seltsame Fälle in solcher Krankheit zugetragen haben. Aber der Gott, der ein Gott des Lebens, ein Gott des Trostes, ein Gott der Gesundheit und Freude ist, wird fortfahren und ausmachen, was er angefangen hat, auf dass der Widergott, das ist der Teufel, ein Gott des Todes, des Trauerns, der Krankheit etc., sein Werk lassen müsse, Amen.

Wir bitten mit allem Fleiß, von ganzem Herzen für E.k.f.g. und hoffen, er werde keinen Mangel weder hier noch dort haben, wenngleich E.k.f.g. ein wenig hat Wermut essen und in einen sauren Apfel beißen müssen. E.k.f.g. halten mir ein so kurzes und ungeschicktes Schreiben gnädig zugute. Denn mein Haupt ist noch ein wenig dem Feind alles Guten und der Gesundheit unterworfen. Der tut mir zuweilen einen Ritt durch mein Hirn, dass ich weder schreiben noch lesen kann. Christus, unser Trost und Freude, sei mit E.k.f.g. ewiglich. Amen.[60]

»Mit Herzog Friedrich ist die Weisheit und mit Herzog Johann die Frömmigkeit gestorben und hinfort wird der Adel regieren, da nun Weisheit und Frömmigkeit weg sind. [...] Wenn er [Johann Friedrich] seines Vaterbruders Weisheit und seines Vaters Frömmigkeit hat, so möchte ich ihm auch seinen Eigensinn zur Hälfte gönnen und viel Glück dazu wünschen.« (TR 1906b)

Nach Friedrich (20 Jahre älter als Luther) und seinem fast gleichaltrigen Bruder Johann wird dessen Sohn Johann Friedrich (20 Jahre jünger als Luther) Kurfürst. Der Generationswechsel wirkt sich auch auf das persönliche Verhältnis zwischen Kurfürst und Reformator aus. Bereits als Kurprinz steht er seit 1520 mit Luther in einem regen Briefwechsel. Luther widmet ihm das *Magnifikat* (1521) und die *Danielübersetzung* (1530).

Johann Friedrich nimmt am Augsburger Reichstag (1530) teil und gehört zu den Mitunterzeichnern des Augsburger Bekenntnisses. Somit wird er seit 1532 als Kurfürst zu einem herausragenden Führer der Protestanten. Luther korrespondiert in religions- und reichspolitischen Fragen mit ihm.

Bereits zu Luthers Lebzeiten bemüht sich Johann Friedrich um die systematische Sammlung seiner Werke.

Luther antwortet Herzog Johann Friedrich auf die Frage, ob man das Sakrament unter beiderlei Gestalt empfangen soll.

Durchlauchtiger, hochgeborener Fürst, gnädiger Herr! E.f.g. sind meiner untertänigsten Dienste allezeit sicher. Gnädiger Herr! E.f.g. Schrift und Gnade habe ich mit untertäniger Dankbarkeit gelesen und zu Herzen genommen. Da aber E.f.g. von mir Unterricht begehren über das Sakrament in beiderlei Gestalt, wie es hier [in Wittenberg] etliche angefangen, sage ich hiermit E.f.g. kurz meine untertänige Meinung:

Ich habe mein Schreiben von beiderlei Gestalt und mit Händen zu empfangen [Luthers Schrift *Von beider Gestalt des Sacraments zu nehmen*] dahin gerichtet, dass die Gewissen aufs Erste sollten in der Freiheit unterrichtet werden und die Gefängnisse der freventlichen Gesetze des Papstes zerstört werden. Denn es ist uns ohne Zweifel freigestellt von Gott, es mit Händen, oder womit man will, anzufassen, dass man es auf keinerlei Weise mit Gesetzen zwingen oder verfassen soll. Weil aber solches der gemeine Mann noch nicht weiß, soll man der Liebe nach sich der Gemeinde angleichen, weil keine Gefahr darin steckt, bis dass sie auch solche Freiheit erlerne, auf dass sie sich nicht an unserer Freiheit ärgere um des gefangenen schwachen Gewissens willen. Wir sind nicht deswegen Christen, dass wir das Sakrament anfassen oder nicht, sondern, dass wir glauben und lieben. Die Freiheit ist nur im Gewissen zu erhalten und öffentlich zu predigen. Aber doch sind daneben die schwachen Gewissen, die solches nicht begreifen, zu tragen und nicht zu rütteln, bis sie auch dahin kommen. Hierin haben meine Wittenberger einen großen Fehlgriff getan. Recht haben sie gelehrt, aber nicht recht haben sie die Lehre gebraucht, die Kunst ist reich bei ihnen, aber die Liebe bettelt bei ihnen.

Solches ist auch zu halten mit dem Essen von Fleisch und dergleichen. Es heißt »Mir ist alles erlaubt, aber es frommt nicht alles« [11. Kor. 6,12]. Man muss in solchen Sachen, die da frei und nicht notwendig sind, das Auge halten auf des Nächsten Krankheit, viel davon predigen, dass die Gewissen frei werden, aber nicht darein fallen. Es sei denn, die Gewissen sind zuvor frei, dass sie folgen mögen.

Also hat E.f.g. Macht, beider Gestalt zu genießen, es wäre auch wohl das Feinste. Aber wenn diejenigen, die dabei sind, solches nicht wissen oder verstehen, soll man ihrem schwachen Gewissen weichen angesichts dessen, dass unsere Stärke nichts daran verliert. Das ist St. Paulus Meinung Röm. 14 und 1. Kor. 8. Hiermit befehle ich E.f.g. in Gottes Gnade.[61]

Luther bittet Herzog Johann Friedrich für den Briefüberbringer Wigand Güldenapf.

Wittenberg, 14. Mai 1526

Gnade und Friede in Christus! Durchlauchtiger, hochgeborener Fürst, gnädiger Herr! Dieser Herr Wigand, Vorzeiger dieses Briefes, hat die Pfarre zu Waltershausen dem Rat zurückgegeben, und zwar laut einem Vertrag, den E.f.g. selbst aufgeschrieben hat, so dass sie ihm jährlich 30 Gulden [Ruhegehalt] von den Pfarrgütern geben sollen. Nun stockt es, so dass er das Geld nicht bekommt, weil vielleicht der Rat die Pfarre nicht hat, wie E.f.g. weiter berichtet werden wird. Deshalb muss der alte arme Mann um seine Nahrung laufen. Weil er denn mein Schulmeister gewesen und ich wohl schuldig wäre, ihm alle Ehre anzutun, bitte ich E.f.g. gar untertänig, E.f.g. wollen meinem Schulmeister das ihm zustehende Geld nicht verfallen lassen, sondern ihm gnädig verhelfen, dass er in seinen alten Tagen nicht betteln gehen muss. Hiermit Gott befohlen. Amen.[62]

Luther und Melanchthon schreiben an Herzog Johann Friedrich. Sie sind sehr erfreut, dass er nach Kassel gereist ist, um Philipp am Krieg zu hindern.

Wittenberg, 18. Mai 1528

Wir haben erfahren, wie E.f.g. sich aufgemacht haben, Frieden und Kriegshinderung bei unserem gnädigen Herrn, dem Landgrafen, zu fordern. Darüber sind wir aufs Höchste erfreut und bitten, Gott wolle E.f.g. Gnade und Glück dazu geben, auf dass solche Mittel und Ursache des Friedens mehr gelten möchten als Brunst und Ursache zum Krieg. Obwohl wir wissen, dass junge Fürsten heftig sind, solche böse Tücke und große Ursachen nicht zu leiden, hat Gott doch große Gnade verheißen denen, die Frieden suchen und keine böse Tücke dulden, wie er spricht: Selig sind die Sanftmütigen, denn sie werden das Land erben. Krieg gewinnt nicht viel, verliert aber viel und wagt alles. Aber Sanftmut verliert nichts, wagt wenig und gewinnt alles.[63]

Luther schickt dem Kurprinzen Johann Friedrich die Nürnberger Akten, die er durchgesehen hat, und bittet ihn, die Gelegenheit zum Frieden nicht vorübergehen zu lassen.

Wittenberg, 29. Juni 1532

Ich habe die Akten, gnädiger Herr, die E.f.g. hierher geschickt, alle gesehen und lasse mich dünken (wie es denn die Sticheleien an etlichen Orten anzeigen), dass welche dabei sind, die nicht rechten Ernst zum Frieden haben. Obwohl ich nun weiß, wie ich auch von E.f.g. mündlich vor Kurzem vernommen habe, dass E.f.g. ohnehin allen Ernst und Fleiß zum Frieden haben, so bitte ich doch zum Überfluss und aus treuer Sorge, E.f.g. wollen sich von solchen spitzen Pünktleinsetzern nicht bewegen lassen, sondern wie angefangen fortfahren. Denn Gott grüßt uns, und es ist Zeit, dass wir ihm danken, wie die Schrift St. Pauli [2. Kor. 6,l f.] sagt: Nehmt die Zeit der Gnaden und den Tag des Heils nicht vergeblich an. Ich bin in Sorge, dass, wenn wir solche günstige Gelegenheit, Frieden aufzurichten, fahren lassen, sie uns nimmermehr so gut wieder vorkommen möchte. Denn so sagt das Sprichwort: Die günstige Gelegenheit ist vorn am Kopf voller Haare, hinten aber kahl und steht auf einer Kugel, wie die Papisten wohl erfahren haben, als sie zu Augsburg nicht nachgeben wollten. Christus, unser Herr und Heiland, stärke E.f.g. mit seinem Geist und Gnaden. Amen.[64]

Am 5. Juli 1535 meldet der Senat der Universität Wittenberg Kurfürst Johann Friedrich Anzeichen der Pest. Als Ort der Verlegung schlägt er Torgau oder Jena vor. Der Kurfürst entscheidet sich für Jena und schreibt am 11. Juli an den Rat der Stadt, dass er für eine geeignete Unterkunft Sorge tragen möge. Am 13. Juli schreibt er an den Landweinmeister, er solle in Jena dafür sorgen, dass von der Wittenberger Universität »das Predigerkloster samt seinen Gemachen und Kellern zum Lesen und anderer ihrer Notdurft gebraucht« werden kann und der Wein verlagert wird. Am 18. Juli teilt der Rektor der Universität Sebald Münsterer den Studenten die Verlegung der Universität nach Jena mit.

Bereits am 9. Juli schreibt Luther an den Kurfürsten, Kanzler Brück habe ihm in seinem Auftrag zur Flucht vor der Pest geraten, aber die Gefahr sei nicht so groß.

Wittenberg, 9. Juli 1535

Es hat mir E.k.f.g. Kanzler Doktor Brück, angezeigt E.k.f.g. gnädiges Erbieten gegen mich, so sich Sterbensgefahren hier anlassen würden. Und ich danke ganz untertänig E.k.f.g. für solches gnädige Sorgen und Erbieten. Ich will mich auch mit untertäniger Antwort erzeigen, wenn solcher Fall käme. Aber mein sicherer Wetterhahn ist der Landvogt Hans Metzsch, welcher bisher eine ganz nüchterne Geiernase für die Pest gehabt hat. Wenn sie fünf Ellen unter der Erde wäre, würde er sie wohl riechen. Solange derselbe hier bleibt, kann ich nicht glauben, dass eine Pest hier sei. Wohl ist es wahr, dass ein Haus oder zwei eine Pestgift gehabt haben, aber die Luft ist noch nicht vergiftet. Denn seit Dienstag ist keine Leiche noch Kranker gefunden worden. Doch weil jetzt die Hundstage vorhanden und die jungen Knaben erschreckt sind, habe ich es mir gefallen lassen, dass sie umherspazieren, damit ihre Gedanken beschwichtigt werden, bis man sieht, was werden will. Ich merke aber, dass diese Jugend gern viel solches Geschrei von der Pest hört. Denn etliche kriegen die Schwären auf dem Schulsack, etliche die Kolik in den Büchern, etliche den Grind in den Federn, etliche die Gicht am Papier. Vielen ist die Tinte schimmlig geworden. So haben auch sonst etliche die Mutterbriefe gefressen, wovon sie das Herzweh und die Sehnsucht nach Haus bekommen haben. Es mögen vielleicht dergleichen Schwächen mehr sein, als ich erzählen kann. Und es ist wohl die Gefahr dabei, wenn die Eltern und Oberherren solchen

Krankheiten nicht mit Ernst und allerlei Arznei helfen und steuern, könnte wohl ein Landsterben daraus werden, bis man weder Prediger noch Pfarrherren oder Schulmeister haben könnte. Zuletzt eitel Säue und Hunde das beste Vieh sein lassen müsste [bis die Wirtschaft ganz klein oder heruntergekommen ist], worauf die Papisten doch gar fleißig hinarbeiten. Aber Christus, unser Herr, gebe E.k.f.g. wie bisher weiter Gnade und Barmherzigkeit samt aller frommen christlichen Obrigkeit, eine starke Arznei und Apotheken gegen solche Krankheit zu erhalten, Gott zu Lob und Ehren, dem Satan, aller Kunst und Zucht Feind, zum Verdruss. Amen. Hiermit Gott befohlen. Amen.[65]

Wittenberg, 7. August 1535

Wir sind hier angeblich in einer großen Gefahr des Sterbens, aber mich wundert, wie es doch zugeht, dass ich nicht erfahren kann, wer sie denn sind, die in so großen Haufen sterben. Man nennt alles Pestilenz, was krank wird, gerade als wären vor dem nächsten Jahr nicht ebenso viele und mehr Kranke gewesen. Man hat sich bisher noch nicht darüber gewundert, dass, wenn wöchentlich 20 oder mehr Kinder getauft wurden, einmal in einer Woche ein bis zwei Kinder sterben, daneben etwa ein alter kranker Mensch, aber das jetzt soll ein Sterben heißen.[66]

Am 3. Januar 1537 sendet Luther die von ihm verfassten Schmalkaldischen Artikel an Kurfürst Johann Friedrich, und am 7. Januar 1537 schreibt ihm der Kurfürst, dass er mit den Schmalkaldischen Artikeln vollständig einverstanden ist.

Auf E.k.f.g. Schreiben und Befehl habe ich auf den 28. Dezember 1536 oder den Tag danach Herrn Nikolaus Amsdorf, Mag. Eisleben [Agricola] und Mag. Spalatin hierher gebeten, welche daraufhin gekommen sind.

Ihnen habe ich die [Schmalkaldischen] Artikel vorgelegt, die ich nach E.k.f.g. Befehl selbst erstellt habe, und mit ihnen darüber um meiner Schwachheit willen etliche Tage verhandelt. Sie ist, wie ich meine, durch den Satan dazwischengekommen, sonst hätte ich gehofft, nicht mehr als einen Tag deswegen zu verhandeln. Und da dieselben von ihnen bekannt und mit ihrer Unterschrift bestätigt sind, schicke ich sie hiermit durch unseren lieben Mitbruder und guten Freund, M. Georg Spalatin, um sie E.k.f.g. zu übergeben, so wie sie alle es mir befohlen und mich gebeten haben, es zu tun.

Ich bitte daneben ganz untertänig auch im Namen unser aller, weil etliche uns mit Verdacht und Reden dafür halten, als wollten wir Pfaffen (wie sie es nennen) Euch Fürsten und Herren mit Land und Leuten in Gefahr bringen mit unserem halsstarrigen Vorhaben etc.

E.k.f.g. mögen uns dessen für unschuldig halten. Denn wenn es anderen geringeren, geschweige denn E.k.f.g. selbst samt anderen Herren, Land und Leuten gefährlich sein sollte, wollten wir es gar viel lieber allein auf uns nehmen. Darum werden E.k.f.g. wohl wissen, wie weit und fern sie solche Artikel annehmen wollen. Denn wir wollen hiermit niemand anders, sondern uns allein damit beladen haben, jedermann freigestellt, wer sich selbst damit noch beladen oder nicht beladen will. E.k.f.g. sei hiermit dem lieben Gott befohlen.[67]

Luther ruft den Kurfürsten in einer plötzlich einge-
tretenen Teuerung und Hungersnot um Hilfe und
Rat an.

Wittenberg, 9. April 1539

Es ist hierzulande eine plötzliche Teuerung und ein unvor-
hergesehener Hunger eingefallen, dass wir gezwungen werden, E.C.F.G. als Herrn und Vater des Landes um Hilfe und
Rat anzurufen. Was für Vorrat hier in Wittenberg ist, wissen E.C.F.G. ohne Zweifel zu berechnen. Jetzt muss Wittenberg die Städtlein Kemberg und Schmiedeberg mit ge-
backenem Brot speisen, da der Rat mir sagt, es gehe mehr
Brot hinaus aufs Land, als hier in der Stadt verspeist wird.
Dennoch meinen etliche, dass solche Teuerung nicht so
ganz aus dem Mangel als vielmehr aus dem Geiz und der
Bosheit der reichen Junker komme. Und es ist des Redens
mancherlei und seltsam, wozu ich nichts sagen kann. Wohl
sagt man, dass einer verkündet hat, er wolle kein Körnlein
verkaufen, bis ein Scheffel ein alt Schock [Groschen] oder
einen Gulden gelte. Außerdem soll das Korn aus dem Land
geschafft und weggeführt worden sein. Jedoch tut die Elbe
auch viel dazu, dass man nicht mahlen noch backen kann,
weil die Schlossmühle vor Wasser stillstehen muss. Es ist
eine kleine Anfechtung, die doch groß werden wird, wenn
E.C.F.G. hier nicht Hilfe und Rat schafft. Darum bitten wir
alle, E.C.F.G. wollen sich gnädig erzeigen, nicht allein mit
gegenwärtiger Hilfe zur Not, sondern auch mit Regiment,
dass die vom Adel nicht das Korn hinfort allein für sich
kaufen und wegführen und damit so unverschämt wu-
chern, zum Verderb von E.C.F.G. Land und Leuten. Sie sind
doch ohnehin reich genug, so dass es nicht nötig ist, armer
Leute Leben um ihres Geizes willen durch Hunger zu neh-

men. E.C.F.G. werden wohl weiter und fürstlich hier zu raten wissen. Hiermit dem lieben Herrn Christus befohlen. Amen.[68]

> Luther bittet den Kurfürsten zu veranlassen, dass dem Leipziger Drucker Nikolaus Wolrab verboten wird, seine Bibelübersetzung nachzudrucken.

Wittenberg, 8. Juli 1539

Es hat der böse Bube Wolrab zu Leipzig, der bisher alle die Schmachbücher gegen uns gedruckt und mit allem Fleiß vertrieben hat, sich vorgenommen, unsere deutsche Bibel nachzudrucken und den Unseren das Brot aus dem Maul zu nehmen. Nun wissen E.k.f.g., wie unbillig es ist, dass der Bube der Unseren Arbeit und Unkosten braucht zu seinem Nutz und der Unseren Schaden. Damit würde geschehen, dass er mit seiner Bosheit verdienen würde und dass ihm unsere Arbeit für seine straflos erfolgte Büberei, Schmach und Lästerung noch zum Besten dienen müsste. Deshalb ist meine untertänige Bitte, E.k.f.g. möchten helfen, dass eine so große Übeltat des Wolraben nicht so hoch möchte seiner Bosheit genießen und E.k.f.g. Untertanen ihrer Kost und Gefahr nicht so schwerlich entgelten [für die aufgewandten Kosten und das Risiko, das sie getragen, nicht so schwer büßen müssten]. Und mich verdrießt, dass der Lästerer und Schmachdrucker meine saure Arbeit so missbraucht und vielleicht noch darüber spottet. Denn was er mit seinem Druck gegen Gott und uns verdient hat, will ich Gott befehlen. So wäre es auch nicht unbillig, dass die Drucker zu Leipzig, die bisher lange mit ihren Schmähbüchern sich bereichert haben, auch eine Zeitlang sich enthalten müssten, mit unseren Büchern sich noch mehr zu bereichern und die

Unseren zu verderben. Denn es ist gut zu rechnen, weil die Handelsgeschäfte zu Leipzig eher 1000 Exemplare vertreiben können als die unsren 100.

E.k.f.g. werden hier wohl fürstlichen Rat finden. Hiermit dem lieben Gott befohlen. Amen.[69]

Im September 1539 bittet Luther den Kurfürsten, das Volk wegen der Fehde von Kohlhase zu beruhigen, und erwartet eine grundsätzliche Stellungnahme zu Freund und Feind. Bereits am 5. April 1539 hatte er in seinem Schreiben an den Kurfürsten den Adel kritisiert und dabei Kohlhase erwähnt: »Wiederum dünkt mich und ich sorge mich fast, dass die rechten Kohlhasen beide sind zum Teil.« Denn der »Adel will die Fürsten lehren, dass man die Welt nicht ohne sie regieren könne.«

Wittenberg, September 1539

Es schreien auch, gnädigster Herr, euer k.f.g. Untertanen hier im Kurfürstentum um Rat und Hilfe gegen die Fehde des Kohlhas. Ich hätte beinahe gesagt, des Kurfürsten zu Brandenburg, wenn der herrliche Name nicht auf der Person schwebte. Es ist nur das Ärgste, dass man irre wird und das Volk in Zweifel gerät, ob Freund und Feind miteinander sich umschantzen. Darum ist all ihr Trost nach Gott E.k.f.g., der als des Landes Herr und der Leute Vater von Gott eingesetzt ist.

Das habe ich so ungefähr E.k.f.g. müssen anzeigen der mannigfaltigen, auch gefährlichen Reden wegen. Etliche machen es geringe, etliche groß, und es geht so durcheinander, dass niemand weiß, was oder wie man glauben soll. So lebt der Teufel, und die Welt ist ihrer Art nach voll List und Untreue.[70]

Exkurs

Auf der Reise zum Markt nach Leipzig werden die beiden angeblich gestohlenen Pferde des Berliner Kaufmanns Hans Kohlhase beschlagnahmt, was zu erheblichen finanziellen Einbußen führt. Auf der Rückreise fordert er von dem sächsischen Junker Günter von Zaschwitz Schadenersatz und bittet nach dessen Weigerung Kurfürst Johann Friedrich um Unterstützung. Als auch das zu keinem Erfolg führt, erklärt er 1534 Zaschwitz und dem Land Sachsen die »Fehde«. Ebenso wie viele Zeitgenossen hält auch Luther deshalb Kohlhase vorübergehend für den Urheber der Wittenberger Brände von 1534.

Nachdem dessen Unschuld erwiesen ist, kommt es Ende 1534 in Jüterbog zu einem Vergleich, in dem Kohlhase seine Fehde absagt und eine Entschädigung erhalten soll. Aber der Kurfürst annulliert diesen Friedensvertrag. Kohlhase nimmt daraufhin seine Fehdehandlungen auf, zündet u. a. eine Mühle bei Belzig an, entführt den Wittenberger Kaufmann Georg Reiche und den Müller von Stangenhagen, für den er ein stattliches Lösegeld erhält. Luther kritisiert die Verfolgungsmaßnahmen und den Adel. »Kolaks hat einen neuen Triumph errungen, indem er einen reichen Müller gefangen davon geführt hat. [...] Aber es liegt auf der Hand, wir sind des Satans verräterischem Ansturm ausgesetzt so drinnen wie draußen. Der Adel will den Fürsten spielen und die Fürsten niederzwingen – kurz, überall ist alles eitel Empörung.«[71]

Als bei dem Überfall auf das Dorf Marzahna am 7. November 1538 Michael Hayn (ein mutmaßlicher sächsischer Folterknecht) ermordet wird, steht Luthers Urteil fest. »Weil der Kohlhase beginnt, Blut zu vergießen, soll er es nicht lange treiben. Das Blut soll ihn ersäufen.« (TR 4088)

Kurfürst Joachim II. von Brandenburg erlässt am 2. Januar 1539 ein öffentliches Ausschreiben mit der Aufforderung, den Sachsen bei der »Einbringung« von Kohlhase behilflich zu sein. Aber die brandenburgische Bevölkerung steht auf der Seite von Kohlhase und setzt den sächsischen Kontrollen Widerstand entgegen.

Am 22. März 1540 wird Hans Kohlhase – »der unselige kolaks, der sich mit so viel Blutschuld beladen hat (denn um die Raubzüge würde ich mich nicht weiter kümmern)«[72] – zum Tod verurteilt und gerädert.

Vor der Güteverhandlung in Jüterbog wendet sich Kohlhase in einem (nicht erhaltenen) Brief an Luther, der ihm am 8. Dezember 1534 antwortet. Eine persönliche Begegnung findet nicht statt, und Luther schlägt auch kein Plakat an, das Kohlhase zu diesem Gespräch motiviert. Hier benutzt Heinrich von Kleist für seine berühmte Novelle *Michael Kohlhaas* eine Quelle mit legendären Einfärbungen.

Luther hat die Entwicklung aufmerksam verfolgt und in zahlreichen Briefen und Tischreden kommentiert. Dabei wird *Kohlhase* sprachlich verfremdet zu *kolaks* (kolakeia) und zu einer Metapher für die Verbindung von Recht und Unrecht und zu einer Kritik an den Adligen und Höflingen.

Unter Bezug auf Kohlhase verurteilt Luther das »Einreiten der Edelleute«. »Welcher Teufel hat dem Adel solche Macht gegeben, einen anderen so zu bestricken [in Schutzhaft zu nehmen], zu fangen, zu plündern ohne Wissen und Willen der Oberherren? Wenn es Kohlhase täte, als ein Mordbrenner, wäre es genug. Dies tut unter fürstlichem Geleit und Schutz ein Adel dem anderen.«[73] Und er kritisiert den Kurfürsten, der dieses »Einreiten der Edelleute« – eine ruinöse Eintreibungspraxis, bei der man sich samt Begleitung auf Kosten des Schuldners oder Bürgen in einer Herberge einquartiert, bis dieser gezahlt hat – nicht verbietet, mit dem ironischen Kommentar: »Also behält mein gnädigster Herr eine gute conscientz [Mitwissen, Einverständnis]; Kohlhase aber muss in Gefahr stehen und darüber zum Teufel fahren.« (TR 4535)

In einer Predigt vom 13. April 1539 kritisiert Luther diejenigen, die jetzt Kornreichtum haben und damit zur Teuerung beitragen. Sie »schreien über Kohlhasen«, obwohl sie selbst Feinde des Landes und »rechte Kohlhasen« sind.

Wittenberg, 8. Dezember 1534

Gnade und Frieden in Christus! Mein guter Freund! Es ist mir fürwahr Euer Unfall leid gewesen, und ist es noch, das weiß Gott. Und es wäre wohl zuerst besser gewesen, die Rache nicht vorzunehmen, weil dieselbe nicht ohne Beschwernis des Gewissens vorgenommen werden kann, weil sie eine Selbstrache ist, die von Gott verboten ist. Die Rache ist mein, spricht der Herr, ich will vergelten. Das darf nicht anders sein. Denn wer sich darein begibt, der muss sich in die Schanz begeben [riskieren], viel gegen Gott und die Menschen zu tun, was ein christliches Gewissen nicht tun kann.

Und es ist wahr, dass Euch Euer Schaden und Übel billig wehe tut und ihr schuldig seid, Euren Ruf zu retten und zu erhalten, aber nicht mit Sünden oder Unrecht. »Quod iustum est, iuste persequeris«, sagt Mose [5. Mose 16,20: Was recht ist, dem sollst du nachjagen.]. Unrecht wird durch anderes Unrecht nicht zurechtgebracht. Nun ist Selbstrichter sein und Selbstrichten gewiss Unrecht, und Gottes Zorn lässt es nicht ungestraft. Was Ihr mit Recht ausführen mögt, da tut ihr wohl. Könnt Ihr das Recht nicht erlangen, so ist kein anderer Rat, als Unrecht zu leiden. Und Gott, der Euch also Unrecht leiden lässt, hat wohl Ursache dazu. Er meint es auch nicht übel oder böse mit Euch, kann auch solches wohl redlich wieder erstatten in einem anderen, und seid darum unverlassen.

Und was wollt Ihr tun, wenn er wollte anders strafen, an Weib, Kind. Leib und Leben? Hier müsst Ihr dennoch, so Ihr ein Christ sein wollt, sagen: Mein lieber Herr Gott, ich habe es wohl verdient, du bist gerecht und tust nur allzu wenig nach meinen Sünden. Und was ist unser aller Leiden verglichen mit dem seines Sohnes, unseres Herrn Christi Leiden?

Demnach, so Ihr meinen Rat begehrt, wie Ihr schreibt, so rate ich: Nehmt Frieden an, wo er Euch werden kann, und leidet lieber an Gut und Ehre Schaden, als dass Ihr Euch weiter in ein solches Vorhaben begebt, in dem Ihr alle Sünden und Büberei auf Euch nehmen müsst, was Euch zur Fehde dienen würde. Die sind doch nicht fromm und Euch treu, sondern suchen ihren Nutzen. Zuletzt werden sie Euch selbst verraten. So habt Ihr denn wohl gefischt [einen Erfolg erzielt]. Malt Ihr ja nicht den Teufel über die Tür und bittet ihn nicht zum Gevatter. Er kommt dennoch wohl. Denn solche Gesellen (mit denen Ihr Euch zur Fehde zusammentun wollt) sind des Teufels Gesindel, nehmen auch im Allgemeinen ihr Ende nach ihren Werken.

Aber für Euch ist zu bedenken, wie schwer es Euer Gewissen ertragen wird, wenn Ihr wissentlich so viele Leute verderben solltet, wozu Ihr kein Recht habt. Setzt Ihr Euch zufrieden, Gott zu Ehren, und lasst Euch Euren Schaden von Gott zugefügt sein und verbeißt es um seinetwillen. So werdet Ihr sehen, er wird wiederum Euch segnen und Eure Mühsal reichlich belohnen, dass Euch lieb sei Eure Geduld, die Ihr ertragen habt. Dazu helfe Euch Christus, unser Herr, Lehrer und Beispiel aller Geduld und Helfer in Not. Amen.[74]

Kurfürst Johann Friedrich fragt Luther am 30. Oktober 1539, ob, wie und wohin die Universität wegen der Pest verlegt werden soll. Er beantwortet Luthers Brief vom 7. November 1539 (der nicht überliefert ist) dahingehend, dass die Universität, falls die Pest weiter um sich greift, nach Herzberg verlegt wird.

Eisenberg, 30. Oktober 1539

Wir geben Euch gnädige Meinung zu erkennen, dass jetzt Rektor, Magistrat und Doktoren unserer Universität zu Wittenberg mit einer Schrift an uns gelangt sind, darin sie anzeigen, wiewohl es daselbst mit dem Sterben etliche Mal in der Mitte des Monats stillgehalten, weswegen sie bisweilen Hoffnung gehabt, es sollte diesen Winter nicht weiter um sich gegriffen haben. So wären doch neulich aus Doktor Sebalden Gesinde fünf Personen krank geworden, dazu sonst andere mehr, die meisten gestorben, weswegen viele jüngere Studenten wegziehen. Meine untertänige Bitte ist, dass wir etliche Doktoren und Magister an einem gewissen Ort mit einem Häuflein verordnen wollten etc. Und wiewohl wir zu Gott dem Allmächtigen hoffen wollen, es soll sich also ferner gefährlich nicht erregen, so besorgen wir doch, wenn es weiter einreißen wollte, dass sich dadurch die Universität trennen und sobald nicht wieder zusammen sein würde. Dieweil wir uns aber zu erinnern wissen, dass Ihr, Doktor Martinus, der die Universität in vorigen dergleichen Sterbesläufen von Wittenberg verlegt, hinfort geschrieben, dass solche Verlegung nicht die Gefährlichkeit des Sterbens, sondern etliche besondere Personen verursacht haben, so begehren wir gnädig, Ihr wollet Euch mit Fleiß und genau erkunden, wie es um das Sterben steht. Und so Ihr befindet, dass es weiter und gefährlich ist, auch dermaßen einreißet, dass Ihr bedenkt, dass die Universität sollte verlegt werden, uns dasselbe förderlich und an allen Vorzug vermelden. Und wiewohl wir bedacht sind, die Universität nach Altenburg zu verlegen, dort sie auch notdürftig zu erhalten, so wollet uns doch daneben Euer Bedenken anzeigen, wie, welcher Gestalt und wohin sie am besten zu legen und unter diesen Umständen zu erhalten sein sollte. Darauf wollen wir uns alsdann vernehmen lassen und zu erzeigen wissen. Daran tut Ihr uns gnädigen Gefallen. Und wollet Euch solches, denen wir mit Gnaden geneigt, nicht vorenthalten.«[75]

Wittenberg, 12. November 1539

Euer Schreiben mit Datum vom Freitag nach Leonardi [7. November] haben wir empfangen und dasselbige zu gnädigem Gefallen vermerkt, auch gern gehört, dass das Sterben zu Wittenberg noch nicht überhand nimmt. Der Allmächtige verleihe seine Gnade weiter. Aber da es ferner einbrechen wird, lassen wir uns gefallen, dass sich die Universität gegen Herzberg wendet. Wollen auch befehlen, dass sie daselbst angenommen und untergebracht, auch verordnen, dass an Korn, Gerste und anderem Proviant nicht Mangel sein soll. Und obwohl wir Altenburg sonst für eine bequeme Stadt zu solcher Verlegung geachtet hätten, so können wir doch wohl ermessen, dass dem gemeinen Haufen etwas weit zu reisen der Zehrung wegen schwer fallen sollte.[76]

Luther bittet den Kurfürsten, den Gesandten zum Hagenauer Religionsgespräch zu befehlen, nicht von dem abzuweichen, was jetzt zuletzt in Schmalkalden einträchtig beschlossen worden ist.

Wittenberg, 10. Juni 1540

Weil Magister Philipp mit nach Hagenau zieht, um die falschen Larven anzuhören, die uns mit Farben malen wollen, wie [freundlich] sie sind, obwohl sie, unsere Feinde, doch gewiss alle unser Verderben suchen, wie E.k.f.g. wissen und täglich erfahren. Deshalb bitte ich untertänig, wie E.k.f.g. ohnehin sicherlich von selbst zu tun gedenken, dass die Gesandten alle zusammen und jeder besonders strengen Befehl bekommen und vorzutragen wissen, dass sie in nichts von dem weichen können und sollen, was jetzt zuletzt in Schmalkalden einträchtig beschlossen worden ist. Es wurde dem Teufel nun schon lange genug hofiert und den Papisten so oft gepfiffen, obwohl sie doch nicht tanzen, so oft geklagt, obwohl sie doch nicht trauern, sondern die Weisheit Gottes meistern wollen. Gott, der es angefangen, dessen auch die Sache und nicht unser ist, wird es wohl zu vollführen wissen ohne unsere Klugheit und Macht, wie bisher geschehen. Ich schreibe aber solches deshalb: Es möchten sich wohl etliche der Papisten mit guten Worten schmücken wollen und die Unseren versuchen. Darum begehrt auch Mag. Philipp einen solchen eindeutigen Befehl. E.k.f.g., dem am meisten daran gelegen ist, werden sich hierin ohne allen Zweifel wohl zu verhalten wissen. Wir wollen derweil das liebe Vaterunser auf diese Sachen beziehen, welches sich bisher rechtschaffen bewährt hat, Gott Lob und Dank. Hiermit dem lieben Gott befohlen. Amen.[77]

Die 1523 geschlossene Ehe zwischen dem Landgrafen Philipp von Hessen und Christina, der Tochter von Georg von Sachsen, war nicht glücklich, obwohl das Paar sieben Kinder hatte.

1539 lernte der Landgraf die siebzehnjährige sächsische Adlige Margarete von der Sale kennen. Er wollte sich nicht scheiden lassen, lehnte aber auch das an vielen Fürstenhöfen übliche Konkubinat als Unzucht ab. Über Martin Bucer wandte er sich an Luther und Melanchthon und erbat deren Zustimmung zu einer Zweitehe. Der lebenslustige Landgraf hatte trotz seiner amourösen Abenteuer Gewissensbisse: Die Angst um sein Seelenheil raube ihm den Mut zum Kampf für die evangelische Sache. Die Doppelehe, die im AT üblich und im NT nicht verboten sei, könne das Heil seiner Seele retten.

Die am 4. März 1540 öffentlich geschlossene Zweitehe, an der auch Martin Bucer teilnahm, führte zu einem Skandal und zu einer Belastung für die Protestanten, da der Landgraf unter den Druck des Kaisers geriet. Bigamie war kirchenrechtlich verboten und konnte strafrechtlich verfolgt werden (Todesstrafe). Die Angelegenheit wirbelte am Dresdner Hof erheblichen Staub auf und führte zu unangenehmen Fragen von Herzog Heinrich von Sachsen an Kurfürst Johann Friedrich wegen der Zustimmung Luthers.

Da der Kurfürst durch Martin Bucer über die Angelegenheit bereits hinreichend informiert war, hat Luther den folgenden Brief vermutlich zur Verwendung gegen Herzog Heinrich von Sachsen geschrieben.

Wittenberg, 10. Juni 1540

Dass E.Churf.G. in des Landgrafen Sachen von dem Hofe zu Dresden unbillig beschwert werden, habe ich vernommen. Und es werden sich E.Churf.G. gegen solche klugen Meißner wohl zu vernehmen lassen wissen. Denn was die Sache anbelangt, haben wir beide, ich und Mag. Philipp, E.Churf.G. (als eine Beichtsache) selbst nicht vermelden wollen, wie es sich denn in Beichtsachen gebührt, sie heimlich zu halten, beides, die Sache und den Beichtrat. Und hätte der Landgraf diese Beichtsache und den Rat nicht offenbart, bedürfte es solchen Ärgers und Geredes gar nicht. Ich sage noch jetzt: Wenn mir solche Sache noch heutigentags vorkäme, wüsste ich nichts anderes zu raten, als ich geraten habe. Das brauche ich nicht zu verhehlen (da es hernach offenbar wurde), unangesehen, ob ich nicht so klug bin, wie sie [die klugen Meißner, d. h. der Dresdner Hof] sich einbilden. Denn so stand die Sache damals.

Martin Bucer brachte einen Empfehlungsbrief und teilte mit, wie der Landgraf um etlicher Mängel an seinem Gemahl willen sich nicht keusch zu halten wüsste, hätte bisher auch so und so gelebt, was nicht gut ist, und er sollte evangelisch und der vornehmsten Häupter eins sein. Deshalb sagte er aufs Höchste und Teuerste bei Gott und seinem Gewissen, er könne hinfort solches Laster nicht meiden, wenn ihm nicht erlaubt würde, noch ein Weib zu nehmen. Wir aber erschraken über solchen Bericht sehr wegen des wüsten Ärgernisses, das folgen würde, und baten, s.f.g. sollten es ja nicht tun. Darauf wurde uns weiter gesagt, dass er es nicht lassen könne. Wenn wir es nicht erlauben würden, wolle er es dennoch tun und von Kaiser oder Papst [die Erlaubnis] erlangen. Wir aber, um dem zuvorzukommen, baten demütig, wenn s.f.g. es unbedingt tun wolle oder, wie er sagte, aus Gewissensgründen und vor Gott nicht anders zu tun wüsste, sollten s.f.g. es doch geheim halten, weil solche Not s.f.g. dazu zwinge. Denn vor der Welt und des Reiches Rechten wäre es nicht zu verteidigen. Das ist uns so zugesagt worden. Demnach wollten wir es vor Gott mit Beispielen wie Abraham etc. soviel wie möglich rechtfertigen helfen. Solches ist alles beichtweise geschehen und gehandelt, dass man uns nicht die Schuld geben kann, als hätten wir es freiwillig und gern oder mit Lust und Freude getan. Es ist uns herzlich schwer genug gewesen. Aber weil wir es nicht haben wehren können, dachten wir doch, das Gewissen zu retten, soweit wir vermochten.

Ich habe wohl mehr Sachen, sowohl unter dem Papsttum wie hernach, beichtweise empfangen und Rat dazu gegeben, zu welchen ich, so sie offenbart werden sollten, nein sagen oder die Beichte auch melden müsste. Solche Sachen gehören nicht ins weltliche Gericht noch in die Öffentlichkeit. Gott hat hier sein eigenes Gericht und muss den Seelen raten, wo kein Recht noch Kunst vor der Welt helfen kann. Mein Praeceptor im Kloster, ein feiner alter Mann, hatte solcher Sachen auch viele hatte musste einmal mit Seufzen sagen: Ach, ach, solche Sachen sind so irrig und verzweifelt, dass hier keine Weisheit, Recht noch Vernunft raten kann. Man muss sie der Güte Gottes befehlen. Aus solcher Erfahrung habe ich auch hier nach göttlicher Güte gehandelt.

Hätte ich aber gewusst, dass der Landgraf solches Bedürfnis seit langem befriedigt und befriedigen konnte an anderen, wie an der zu Eschweg, was ich jetzt erst erfahre, sollte mich sicherlich kein Engel zu solchem Rat gebracht haben. Ich habe die unvermeidliche Not und Schwachheit, auch die Gefahr seines Gewissens angesehen, die Mag. Bucer uns vortrug. Viel weniger hätte ich dazu geraten, dass es eine öffentliche Hochzeit werden sollte, woraus (was auch ganz verschwiegen wurde) eine Fürstin und junge Landgräfin hervorgehen sollte, welches sicherlich nicht zu leiden, auch dem ganzen Reich unerträglich ist. Sondern ich hoffte, weil er sich des gemeinen Wesens aus Schwachheit des Fleisches brauchen musste [weil er den Naturtrieb in der üblichen Weise befriedigen musste], mit Sünden und Schande, er würde vielleicht ein ehrliches Mädchen heimlich in einem Haus halten, in heimlicher Ehe (ob es gleich vor der Welt ein uneheliches Ansehen hätte) zu seinem großen Bedürfnis seines Gewissens wegen, hin- und wegreiten, wie solches wohl mehrmals auch von großen Herren geschehen ist, ebenso wie ich auch etlichen Pfarrherren unter Herzog Georg und den Bischöfen solchen Rat gab, sie sollten ihre Köchin heimlich ehelichen.

Dies ist die Beichtrede, die ich viel lieber verschweigen wollte, wenn es nicht die Not herauszwänge. Jetzt kann ich es nicht mehr tun. Dass aber die zu Dresden sich darauf beziehen, als ob ich vor 13 Jahren dergleichen gelehrt, geben sie zu verstehen, ein wie gar freundliches Herz sie zu uns und wie große Lust sie zu Liebe und Einigkeit haben, gerade als wäre bei ihnen kein Ärgernis noch Gebrechen, die zehnmal vor Gott schwerer sind als dieser unser Ratschlag ist. Nur dass die Welt über den Splitter ihres Nächsten getrost lästert und ihres Balkens im Auge vergisst. Wenn ich alles jetzt verteidigen sollte, was ich vor Jahren, besonders im Anfang, gesagt oder getan habe, so müsste ich den Papst anbeten. Sollten sie auch ihre früheren Handlungen verteidigen (ich will von den jetzigen schweigen), so würden sie dem Teufel mehr zugehören als Gott.

Solchen Berichtes schäme ich mich nicht, wenn er auch vor alle Welt kommen sollte, obwohl ich es um der Widerwärtigkeit willen (wo es möglich sein sollte) lieber verschwiegen wissen will.[78]

Anfang 1541 erkrankte Luther schwer und rechnete bereits mit seinem Tod. Der besorgte Kurfürst sandte ihm seinen Leibarzt Matthäus Ratzeberger und den Chirurgen Andreas Engelhard. In seinem Dankschreiben erbittet Luther eine feste Anstellung an der Universität für den qualifizierten Arzt Georg Kurio, der Luther wiederholt kostenlos behandelt hatte und von seiner Arztpraxis nicht leben konnte.

Wittenberg, 25. April 1541

Durchlauchtigster, hochgeborener Fürst, gnädigster Herr! Dass sich E.k.f.g. meiner alten bösen Haut so herzlich angenommen und aus so gnädiger Sorge Ihren k.f.g. eigenen Leib- und Wundarzt zu mir geschickt mit so treuem Befehl, dafür danke ich E.k.f.g. auf das Alleruntertänigste. Es ist mehr als zu viel. Ich hätte wohl gern gesehen, dass mich der liebe Herr Jesus hätte in Gnaden weggenommen, der ich doch nunmehr wenig nütze bin auf Erden. Aber der Pomer [Bugenhagen] hat durch sein Anhalten mit Fürbitten in den Kirchen solches (meines Erachtens) verhindert, und es ist gottlob besser geworden. So haben wahrlich D. Cubito [Georg Kurio] und M. Andres [Andreas Engelhard] allen Fleiß getan. Das muss ich bekennen. Wohlan, was Gott will, das geschehe. Amen. Hiermit dem lieben Gott befohlen. Amen.

[Nachschrift auf einem Zettel] Auch, gnädigster Herr, bitte ich untertänig, E.k.f.g. wollen an Doktor Cubito einmal gnädig denken, dass er von den fundierten Stipendien eins bekommt. Er liest fleißig und mit großem Nutzen für die Schüler, denn sie sind nun an seine Sprache gewöhnt. Denn er ist sehr gelehrt, dazu auch in der Anatomie gut geübt, was nach D. Caspars [Kaspar Lindemann] Tod fehlt. Es ist alles teuer, die Praktika mit genügend Kranken sind arm und mager. Und zum Wahrzeichen habe ich ihm selbst noch nichts gegeben außer einem Trunk Bier. Ich befehle ihn hiermit in E.k.f.g. gnädiges Bedenken.[79]

1540 besetzten die Türken weite Teile Ungarns und eroberten Anfang September 1541 Ofen, die bedeutendste Stadt Ungarns. Da nun auch Wien von den Türken bedroht schien, forderte Kurfürst Johann Friedrich Luther und Bugenhagen auf, an die Prediger eine Vermahnung zum Gebet gegen die Türken ergehen zu lassen.

Torgau, 8. September 1541

Würdiger, lieber Andächtiger! Wir teilen Euch mit bekümmertem Gemüt mit, dass des türkischen Kaisers Pascha mit seinem Kriegsvolk, das er zur Eroberung der Stadt Ofen schickte, König Ferdinands Kriegsvolk geschlagen hat. Es ist zu befürchten, dass das dem türkischen Kaiser nicht genügt und er weiter nach Österreich und Wien zieht. Daraus entsteht der ganzen Christenheit, insbesondere der deutschen Nation, großer und unwiederbringlicher Schaden. Das möge der allmächtige Gott verhüten. Und wenn die Bedrohung durch die Türken eine Strafe und Rute Gottes wegen unserer Bosheit ist, so begehen wir mit sonderlichem gnädigen Fleiß, Ihr wollet den Predigern in unserem Kurfürstentum zu Sachsen in Eurer Kirche nachdrücklich befehlen, dass sie das Volk in allen Predigten zum Gebet gegen des Türken tyrannische Handlung mit höchstem Ernst ermahnen. Dass sie um eine gnädige Abwendung bitten und dass er denen, die gegen die Türken kämpfen, den Sieg verleiht. Wenn das geschieht und mit Ernst und Fleiß betrieben wird, so haben wir keinen Zweifel, dass der allmächtige Gott das Beten, Rufen und Schreien, wie er zugesagt und verheißen hat, gnädig erhören und seinen Zorn und des Türken Vorhaben als seine Strafe und Rute und alle anderen Beschwernisse gnädig abwenden wird. So werdet Ihr auch dergleichen Ermahnungen bei Euch selbst tun und nicht unterlassen, es den Kaplanen ebenso zu befehlen. Das geschieht uns zu gnädigem Gefallen.[80]

> Kurfürst Johann Friedrich erneuert am 6. März 1536 die Überschreibung des Wittenberger Augustinerklosters an Luther und seine Familie und stiftet am 26. Dezember 1541 Luther, seinen Kindern und deren Erben ein Kapital von 1000 Gulden, von dem Luther lebenslang die jährlichen Zinsen von 50 Gulden erhalten soll. Er behält sich und seinen Erben vor, das Kapital nach Luthers Tod den Kindern oder ihren Erben auszuzahlen. Die Überschreibung lautet, wie später Kanzler Brück ausdrücklich bestätigt, nur auf die Kinder, nicht auf Käthe.

Lochau, 26. Dezember 1541

Wir bekunden hiermit für uns und unsere Erben vor jedermann, dass wir dem ehrwürdigen und hochgelehrten, unserem lieben andächtigen Herrn Martin Luther, der heiligen Schrift Doktor, und seinen Kindern aus vielen Ursachen sehr zugeneigt sind. Deshalb haben wir beschlossen, ihm, seinen Kindern und deren Erben 1000 Gulden unserer fürstlichen Münze aus unserer Rentenkammer zu geben. Wir versichern mit diesem Brief, dass oben genannter Doktor Martin diese 1000 Gulden zu seinen Lebtagen, die ihm der Allmächtige nach seinem Willen lange verleihen wolle, mit 50 Gulden jährlich auf zwei Fristen, auf Walpurgis und Michaelis, aus unserer Rentenkammer in den beiden Märkten zu Leipzig als laufende Unterstützung erhält. Der Gesamtbetrag soll verzinst und ihm oder seinen Kindern und deren Erben nach seinem Tod gegen gebührliche Quittung auf sein oder seines Bevollmächtigten Ansuchen überreicht werden. Wir wollen aber uns und unseren Erben hiermit vorbehalten, wenn Doktor Martin stirbt, was der Allmächtige lange verhüten wolle, seinen Kindern oder deren Erben solche 50 Gulden jährliche Zinsen mit 1000 Gulden Hauptsumme zu unserer und unserer Erben Gelegenheit abzulösen. Dagegen entfällt dann die Pension von 50 Gulden, auch uns oder unserer Erben Entrichtung der Hauptsumme diese unsere Verschreibung wiederum überantwortet werden soll. Und befehlen darauf unseren jetzigen und künftigen Rentmeistern, Rent- und Kammerschreibern, dass sie dieser unserer Verschreibung dergestalt nachkommen sollen. Darin geschieht unsere Meinung. Zur Urkunde haben wir diesen Brief mit unserem anhängenden Siegel wissentlich besiegelt.[81]

Luther bittet Kurfürst Johann Friedrich um die Erhaltung der zwei Schulen in Eisenach und Gotha.

»Und ich bitte auch, dass E.k.f.g. die zwei Schulen in Eisenach und Gotha erhalten. Denn wenn dieselben nicht erhalten werden, so ist das ein Beispiel, das dem ganzen Fürstentum schädlich ist, obwohl wenige vom Adel danach fragen. Werden sie nicht erhalten, so wird das helfen, Gottes Reich zu zerstören. Alsdann sind wir Türken, und die sollen ihr Reich und Adel nicht lange behalten. Das weiß ich fürwahr. Sie machen es zu grob und zu viel. Darum helfe Gott, dass e.k.f.g. doch fest am Evangelium bleiben. Amen.«[82]

Der Angriff von Herzog Heinrich von Braunschweig Wolfenbüttel auf Goslar (das Mitglied des Schmalkaldischen Bundes war) veranlasste Kursachsen und Hessen zu einem Verteidigungskrieg. Der Herzog floh nach Bayern und sein Land fiel in die Hände der Protestanten. Unter der Leitung von Bugenhagen wurden die Kirchen visitiert und reformiert.
Auf ein (nicht erhaltenes) Schreiben von Kurfürst Johann Friedrich antwortet Luther. Er sieht in dem Sieg eine Gnade Gottes und ist erfreut, dass man mit der Bevölkerung gnädig umging.

Wittenberg, 19. August 1542

Wir haben am vergangenen Montag hier E.kf.G. Schreiben mit den fröhlichen Nachrichten empfangen, die so groß sind, dass jedermann, wie E.kf.G. selbst bezeugen, sagen muss und auch sagt, wie der Psalter [Ps. 118,23] oft singt: »Das hat Gott getan«. Der hat solchen bösen Teufel durch seinen Finger (der dem Gottlosen das Gewissen rührt) ausgetrieben, doch dazu unser fleischliches schwaches Werkzeug und Rüstung gebraucht. Derselbe Gott verleihe auch allen anderen mit uns verbündeten Ständen, dass sie sich nicht erheben, stolz und trotzig werden aus solchem so gnädig verliehenen Sieg, sondern mit uns erkennen, dass Gott (unsere Unwürdigkeit und Sünde unangesehen) den gottlosen Papisten und Lästerern seinen Zorn offenbart, dass sie sich bessern wollen.

Aber das ist noch über allen Sieg hinaus der beste Sieg, dass E.kf.G. mit dem Land und den Leuten so gnädig handeln und handeln lassen. Das wird die Pfaffen und Papisten vor allen Dingen erschrecken, und zwar mehr als es alle Geschütze tun, dass sie hören werden von solcher den Untertanen erzeigten Gnade. Denn solche Nachricht wird alle ihre eigenen Untertanen recht rege machen, so dass sie sich vor diesen fürchten müssen und nirgends sicher sein können. Wie herzlich gönne ich das dem verzweifelt bösen Wurm zu Mainz, der bisher der Meister allen Unglücks gewesen ist. Ich wollte, er bekehrte sich recht; wo nicht, so fahre er mit Judas und Kaiphas dahin, wohin er gehört.

Unser lieber Herr Gott erhalte E.kf.G. und alle Stände in diesem Sieg, da sie die armen Leute (wie sie angefangen haben) durch gnädiges Verhalten für sich gewinnen, damit sie E.kf.G. und unseren Ständen willig und günstig geneigt bleiben. Amen. Denn so sagen auch die Heiden: Es ist beständiger, ein Regiment mit Zuneigung als mit Gewalt zu erhalten.

Wir sind hier von Herzen fröhlich und loben Gott, bitten auch mit Ernst für E.kf.G. und andere Stände. Ich zweifle nicht, dass E.kf.G. uns glauben. Weiteres wird Doktor Pomer [Bugenhagen], unser Pfarrherr, wohl zu sagen wissen, wenn es nötig ist. Hiermit dem lieben Gott befohlen. Amen.[83]

Kurfürst Johann Friedrich hat mit Bedauern erfahren, dass Luther wegen gewisser Missstände Wittenberg verlassen will. Er schickt seinen Leibarzt Ratzeberger mit diesem Schreiben und einer Instruktion. Luther soll ihm sogleich Gehör schenken.

Torgau, 5. August 1545

Unseren gnädigen Gruß zuvor! Ehrwürdiger, Achtbarer und hochgelehrter, lieber Andächtiger! Wir haben erfahren, dass Ihr Euch vor einigen Tagen nach Zeitz zu dem Ehrwürdigen, unserem lieben Andächtigen Herrn Niclasen, dem Bischof von Naumburg, begeben habt. Das haben wir Eurer Gesundheit und Erholung wegen gern gehört. Wir hätten aber von Euch gnädig erwartet, dass Ihr uns über eine solche beabsichtigte Reise vor Eurem Aufbruch verständigt hättet, damit wir Euch mit lebendigem Geleit und Wegzehrung hätten versorgen können, um sicherer an den vorgesehenen Ort zu fahren und gut anzukommen. Denn Ihr wisst, dass wir es Euch an nichts mangeln lassen.

Und Ihr wisst auch, dass Herr Julius Pflug [Bischof von Naumburg] nicht nachlässt, nach dem Stift Naumburg zu trachten, und allerlei seltsame Praktiken und Machenschaften bei seinen Vettern und Freunden deswegen tut. Und obwohl wir auch nicht zweifeln, der Allmächtige lasse auf Euer und der Kirchen Gebet seine heiligen Engel über Euch warten und Euch auf Euren Wegen geleiten, so fühlen wir uns doch verpflichtet, mit unserem fürstlichen und menschlichen Zutun für Euch daneben besorgt zu sein. Darum wir gnädig und wohl hätten leiden mögen, Ihr hättet uns Eure Abreise zuvor zu erkennen gegeben. Wie wir auch ganz gnädig begehren, dass Ihr uns Eure Abreise von Zeitz vorher mitteilt, damit wir einige von uns zu Euch abordnen und auch sonst bequeme Bestellung mögen tun lassen etc.

Da wir aber, als wir gestern in Torgau angekommen sind, erfahren haben, dass Euch in Wittenberg allerlei beschwert, weshalb Ihr künftig dort nicht gern sein wollt, so möchten wir Euch in sehr gnädiger Meinung nicht verbergen, dass wir solches in wahrhaft rechter Bekümmernis und Mitleid vernehmen. Denn hätten wir die Ursache Eurer Beschwernis erfahren, so hätten wir es nicht unterlassen, von uns aus einzuschreiten und vorzusorgen, so viel uns durch Gottes Hilfe immer möglich war, damit wir es hätten abwenden können. Nun haben wir Eure Beschwernis bisher nicht vernommen, weswegen wir auch deshalb keine Vorsorge, wie Ihr selbst als Verständiger erkennen könnt, haben treffen können.

Da aber, wie erwähnt, darüber ein Gerücht und eine weite Verbreitung bei Kaiserlicher Majestät Reichstag zu Worms und auch sonst vor allem bei des göttlichen Wortes Widersachern und Feinden zu ihrer großen Freude darüber entsteht, wo solches Gerücht nachhaltig wirkt, haben wir es nicht unterlassen können, den hochgelehrten, unseren lieben getreuen Ratzeberger, Doktor der Medizin und unser Leibarzt, mit dieser unserer Schrift und einer Instruktion zu Euch zu senden. Wir begehren von Euch sehr gnädig, ihm so wie uns selbst und seinen Angaben gänzlichen und vollständigen Glauben zu schenken, Euch auch bereit zu zeigen, ihn anzuhören, wie wir uns dann dessen und allen guten Willens zu Euch ganz gnädig versehen. Damit tut Ihr uns ein besonders gnädiges Wohlgefallen, und wir sind Euch mit Gnade und allem Guten geneigt.[84]

3 DIE GRAFEN VON MANSFELD

Luther beantwortet zwei Fragen, die Graf Albrecht ihm durch seinen Kanzler Kaspar Müller vorgelegt hatte: 1. Soll er sich den Wünschen der altgläubig gebliebenen Grafen Günther, Ernst und Hoyer fügen, auf die Mitnutzung der Stiftskirche im Mansfelder Schloss für den evangelischen Gottesdienst verzichten und in die Unterdrückung reformatorischer Regungen in den der gemeinschaftlichen Regierung unterstehenden Orte Eisleben, Hettstedt und Mansfeld einwilligen? 2. Soll man offen oder heimlich gegen die Obrigkeit ein Bündnis schließen?

Wittenberg, Anfang 1525

Gnade und Friede in Christus! Gnädiger Herr! Es hat mich Kaspar Müller auf E.G. Befehl um Antwort auf zwei Fragen gebeten. Das erste, inwieweit E.G. erlaubt, dass in der Stiftskirche auf dem Schloss, dem Sakrament unter beider Gestalt und andere Neuerungen, wie sie es nennen, verwehrt wird. Meine untertänige Meinung dazu ist: Weil E.G. weiß, dass es Gottes Wort und Wille ist, und sie darauf dringen, er nicht ein Haarbreit noch einen Augenblick weichen muss. Denn von Gottes Wort darf man nicht abgehen.

Weil sich aber der Hader auf die Stiftkirche bezieht, mag E.G. dieselbe fahren lassen als ein äußerlich Ding, das sie mit Gewalt und Frevel einnehmen, und erklären, dass solches nicht geschieht mit Willen oder Zustimmung von E.G. Gewissen, sondern dass sie solchen Frevel auf ihr Gewissen laden. E.G. muss nicht mehr tun als solchen Frevel erleiden ohne Einwilligung.

Daneben mögen E.G. sonst im Schloss, im Saal oder in den Stuben dennoch sich an das Evangelium halten in Gottes Namen und ihnen die Stiftkirche als Frevelräubern lassen mit dem Teufel drinnen. Es wird doch in zehn Jahren wohl anders werden.

Dass aber in gemeinsamer Herrschaft E.G. auch so weichen sollte, das darf nicht sein. Denn hier betrifft die Sache nicht Holz, Stein oder Raum, sondern das Gewissen. Denn weil sich die Leute für E.G. Untertanen erkennen, würden sie sich auf E.G. als einen natürliche Mitherrn berufen und ohne E.G. Einwilligung und Zustimmung nicht erkennen, dass damit eine Gefahr im Volk entstehen kann. Wiederum kann E.G. nicht einwilligen, dass solche Untertanen den anderen Herren weichen. Denn damit würde E.G. selbst schuldig, so als wäre er selbst gewichen. Wollen aber etliche der Untertanen vom eigenen Gewissen weichen, kann E.G. nichts dagegen tun. Denn niemand kann sie zum Glauben treiben noch dabei behalten, so wenig er verhindern kann, dass jemand davon abtritt. Deswegen weiche, wer da weicht, und stehe, wer da steht. Es kann E.G.. nicht einwilligen, dass sie weichen oder sagen mögen: Siehe, unser Erbherr hat eingewilligt und will es so haben. Darum tun wir es und täten es sonst nicht.

Dass aber E.G. deswegen die Herrschaft übergeben, dazu ist noch nicht Zeit. Es ist nur eine Versuchung und ein Streit eine kurze Zeit lang, in der E.G. bewähren und stärken will.

E.G. halte nur fest, dem armen Mann zugute, willige nicht ein und befehle die Sache Christus, der wird es wohl machen, wie der 37. Psalm lehrt, welchen ich E.G. zu Trost und Stärke zu lesen empfehle.

Der Teufel kann nicht alles tun, was er androht, und Gott rühmt sich, dass er das Vorhaben der Fürsten und Herren gern zunichte macht und Lust dazu hat, wie im Psalm 33 steht, sofern wir nur festhalten. Er wird uns nicht irren lassen, und er hat bald einen Herrn zu Mansfeld erwürgt, wenn er es ihm will zu viel machen, oder kann ihm wohl wehren, ehe man sich versieht. Wenn Gott E.G. aus der Herrschaft weghaben will, wird er es anders angreifen, und sie müssen noch andere Gewalt ausüben. Aber da haben wir einen dagegen, der von sich rühmen lässt: Die Erde ist des Herrn, und alle, die drinnen wohnen, Psalm 24. Ebenso Psalm 76: Er nimmt den Fürsten den Mut und geht wunderlich um mit den Königen auf Erden. Darum sei E.G. nur frisch und getrost und lerne hienieden auch geistlich Krieg führen, wie der 31. Psalm spricht: Seid getrost und haltet fest alle, die ihr auf den Herrn wartet!

Das andere, ob man sich verbinden soll hinter dem Rücken der oder gegen die Obrigkeit, oder was zu tun sei, dass man solchen Tyrannen widersteht: Aufs Erste weiß E.G. wohl, dass es gegen die Obrigkeit keine Verbindung gibt. Denn Gott will die Oberherrn, sie seien böse oder gut, geehrt wissen, Römer 13.

Aufs andere ist auch verboten, dass man sich selbst rächen oder wehren soll, wie Paulus Römer 12 spricht: Liebe Brüder, verteidigt euch nicht selbst und gebt nicht Raum dem Zorn!

Aufs Dritte, dass man aber sonst Verbindungen knüpft für die noch nicht bekannte Gefährdung, halte ich nicht für unbillig, da sich die Gottlosen fürchten müssen, so als sollte es ihnen gelten. Denn weil sie hören und sehen, dass man nicht einwilligt, und sehen doch daneben eine Verbindung entstehen, so würden sie sich besorgen und Argwohn schöpfen. Ansonsten muss man der Gewalt und dem Frevel weichen und das Erdreich um des Himmelreiches, das Zeitliche um des Ewigen willen fahren lassen. Gleichwie bisher die Fürsten zu Sachsen sind ganz still gesessen und hätten sich auch nicht über der [lutherischen] Sache verteidigen müssen, wo sie sich derselben annähmen. Dennoch ist der Schein da geblieben, als würden und wollten sie sich wehren. Indes hat Gott den Trotz der Tyrannen blöde gemacht, dass sie nichts wagen. Der Bogen trifft nicht alles, worauf er zielt, ja er trifft es selten.

Solches habe ich E.G. untertäniger Meinung auf ihr Begehren wollen anzeigen und befehle E.G. in Gottes Huld, Barmherzigkeit, Schutz und Trost. Amen. Zu Wittenberg Anno 1525

E.G. untertäniger Martinus Luther.[85]

Luther bittet Graf Albrecht von Mansfeld, seine Schwäger, die Mackenrod, bei ihren Erbfeuern zu lassen.

Die Bergwerke in der Grafschaft Mansfeld waren anfangs Reichslehen. Doch trat der Kaiser die Rechte an Sachsen ab, so dass Herzog Albrecht 1486 den Grafen die Bergwerke zu Lehen gab. Die Einkünfte waren Einkünfte der Grafen, die einige Bergteile an bestimmte Familien als Erblehen übergaben. Die von den Grafen in Betrieb gesetzten Bergteile hießen *Herrenfeuer,* die übrigen *Erbfeuer.*

1536 beschlossen sämtliche Grafen, das bisher gemeinschaftlich verwaltete Bergwerk durch das Los zu teilen. Zugleich wurde ausdrücklich festgelegt, dass die Erbhüttenmeister von ihren Erbfeuern nicht verdrängt werden sollten.

Im Widerspruch dazu versuchte Graf Albrecht, der wieder in finanziellen Schwierigkeiten war, seine *acht Erbfeuer* für eine sehr geringe oder keine Entschädigung in Herrenfeuer umzuwandeln. Auch wollte er die seinen *elf Herrenfeuern* vorstehenden Hüttenmeister in ihren Einnahmen beschränken.

Das veranlasst Luther zu diesem Brief.

Wittenberg, 24. Mai 1540

Dem edlen und wohlgeborenen Herrn Albrecht, Graf und Herr zu Mansfeld, meinem gnädigen Herrn.

Gnade und Friede in Christus! Gnädiger Herr! Ich habe lange nicht um etwas gebeten. Nun muss ich auch einmal kommen, damit die Straße der Fürbitte nicht ganz mit Gras zuwachse. Ich bitte ganz untertänigst, E.G. wollen mich auch erhören, damit ich nicht abgeschreckt werde, nicht wiederkomme und in den Argwohn verfalle, es sei mir E.G. ungnädig, da ich mich nicht schuldig weiß, dass ich das verdient habe.

Ich war einmal am Hof, wo ich nicht gern bin. Da wurde gesagt, wie E.G. mit den Hüttenmeistern scharf umgehen. Und es waren große Leute, die E.G. nichts Böses wünschen und zu Wahrzeichen (was ich E.G. zuvor einmal geschrieben habe) weissagen wollten, es würde schließlich die Grafschaft des Segens der göttlichen Gnade beraubt werden. Sie trieben darüber viel Gerede und Ursachen, dass ich es E.G. nicht unangemeldet lassen kann.

Als ich fragte, wie es denn mit meiner Verwandtschaft gehe, wurde mir meinen Schwager Mackenrod betreffend geantwortet, dass sie deswegen zu Bettlern werden müssten. Das will Gott nicht, sagte ich. Haben sie doch nichts außer dem Erbfeuer. Ich will fürwahr meinem gnädigen Herrn deswegen schreiben. Denn meine Schwäger haben mir nichts davon geschrieben, abgesehen davon, dass es einmal im Scherz »Schalktreiber« für »Schalkherren« hieß. Daraufhin lachten sie und sprachen, mit der Zeit werde es wohl nicht fehlgehen, und zogen weg. Solche Bemerkungen fielen mir nun wieder ein.

Deshalb bitte ich, gnädiger Herr, E.G. wollten mir auch einmal eine Bitte gestatten und den guten Mackenrodten oder ihren Erben ein guter Herr sein und bedenken, dass E.G., ein großer, reicher Herr, mit guter Leute Armut nichts gewinnen kann (sondern vielmehr könnten sie Gottes Ungnade auf sich laden, bei dem es gar gering ist, Reiche arm und Arme reich zu machen). Ich bitte nicht um Recht (da ich in dieser Sache nichts weiß und wissen will), sondern um Gnade und Gunst. Denn E.G. werden Gnade und Gunst Gottes auch bedürfen, wie E.G. selbst besser wissen. Denn suchen wir unser Recht zu streng an unseren Nächsten und lassen nicht Gnade scheinen, so wird wahrlich Gott sein Recht gegen uns auch suchen und die Gnade finster werden lassen.

Ich hoffe, E.G. werden das nicht anders verstehen, als dass ich E.G. als meinen lieben Landesherrn lieb habe, und zwar mit herzlicher Treue. Darum kann ich auch nicht leiden, etwas Unglimpfliches über E.G. gesagt zu hören. Viel weniger kann mein Gewissen leiden, dass ich in Sorge stehen sollte, es könnte Gott mit E.G. zürnen und ich hätte es nicht rechtzeitig angezeigt. Ich erbitte hierauf eine gnädige Antwort. Hiermit Gott befohlen. Amen. Montag nach Trinitatis Anno 1540.

E.G. williger Martinus Luther.[86]

Luther bittet die Grafen von Mansfeld, ihren Streit um das Patronatsrecht durch eine Kommission schlichten zu lassen.

Wittenberg, 15. Juni 1542

Den edlen, wohlgeborenen Herren Albrecht, Philipp und Johann Georg, Vettern, Grafen und Herren zu Mansfeld, meinen gnädigen und liebsten Landesherren.

Gnade und Frieden und mein armer Pater noster! Gnädige Herren! Ich habe es allzu gewiss erfahren, wie E.G. so nahe Verwandte, Vettern, Brüder, Vater, Sohn in Streit geraten sind wegen der Pfarre und Schule zu St. Andreas in Eisleben. Das ist mir von Herzen leid, weil ich als ein Landeskind meinem Vaterland und natürlichen Landesherrn mit allen Treuen diene und dafür sorge, sonderlich da ich sehe, was der leidige Teufel im Sinn hat zu dieser letzten Zeit und Not des ganzen deutschen Landes. Deshalb ist es wichtig, dass Einigkeit und Liebe wäre zwischen allen Ständen, am meisten aber zwischen so nahen Blutsverwandten, weil uns der Türke, Gottes Zorn, so hart auf dem Halse liegt. Aber es scheint, als wolle Gott kein Gebet erhören, sondern die alten vorigen Sünden, im Papsttum begangen, samt der Verachtung des aufgegangenen Evangeliums zusammen strafen und dem Teufel Raum lassen in allerlei Mutwillen. Und ist es nicht kläglich genug, dass unter Euch Verwandten soll Uneinigkeit entstehen über dem Wort der Gnade und des Friedens, das ist über der Pfarre und Schule? Gott, der barmherzige Vater, steuere dem leidigen Teufel und wehre den bösen Mittlern, die solchen Unfrieden zwischen E.G. anrichten. Amen.

Demnach ist an E.G., meinen lieben Landesherrn, meine herzliche und schuldige Bitte, sie wollten sich Gott und seinem Wort zu Ehren demütigen und sich diese Sache mit Sanftmut und nicht mit Schärfe (wie der Teufel gern will) vornehmen, untereinander freundlich (wie Gott gern will) handeln. Denn bei einem so scharfen Streit wird E.G. nicht nur das Evangelium selbst verlieren, sondern auch dazu beitragen, dass beide, die Pfarre und die Schule untergehen müssen.

Denn das will ich E.G. zuvor sagen: Sie werden keine tauglichen Personen zur Pfarre und Schule kriegen. Und ich will und kann auch den nicht für einen Biedermann halten, der sich in solchem Zwiespalt gebrauchen lassen wird, viel weniger für einen tüchtigen evangelischen Pfarrherrn oder Schulmeister. Es bedarf doch wohl Gottes Gnade, wo die Herrschaften ganz einträchtig und die Schule und Pfarre auch einig sind, dass unter den Kirchen- und Schuldienern Eintracht bleibe vor dem Teufel, der beiden Ämtern feind ist. Und was man in Gottes Namen und Gefallen anhebt, wird mit Mühe durch ernstes Gebet und viel Leiden kaum erhalten. Was sollte denn da Gutes herauskommen, was in Teufels Namen und Willen (das ist, mit Stolz und Hochmut) angefangen wird?

Ist doch bisher seit dem Aufruhr [Bauernaufruhr von 1525] oder noch länger fein Einigkeit geblieben, obgleich der Pfarrherr [Witzel] papistisch und der Prediger [Güttel] evangelisch gewesen sind. Wie viel mehr sollte es jetzt so sein können, weil E.G. zu beiden Teilen das Evangelium angenommen und haben wollen. Und ist fürwahr eine sonderliche Anfechtung vom Satan, dass sie sich über dem *ius patronatus* stoßen, welches fremd und des Bischofs zu Halberstadt ist, obwohl es der jetzige für seine Person von sich gegeben, es nach seinem Tod aber wiederum dem Stift Halberstadt anheim fällt. So wird es nicht leicht, die Pfarre mit christlichem Pfarrer oder Prediger versorgen zu lassen, wie dieser Bischof getan hat aus Furcht und in dem Aufruhr und hiermit mehr gewinnen würde, als er zuvor hatte oder je mit Gott und allen Ehren verloren hatte, nämlich den Predigtstuhl und die Schule (wie sie denn ohnehin allzeit wenig geachtet wird). Darum, meine gnädigen, lieben Herrn, E.G. wollen das verhüten und nicht fremde Herren mit eigenem Schaden bessern, wofür sie E.G. spotten, in die Faust lachen und es für Narrheit oder Kinderspiel oder E.G. Gezänke halten werden.

Auch ist zu bedenken, welch ein großes Ärgernis und dem Teufel samt den Seinen ein Freudenspiel es sein wird, dass solche feinen, hochberühmten Herren und Grafen, beiderseits evangelisch, um solch geringes, dazu fremdes *ius patronatus* sich untereinander so ärgern. Es lautet nicht wohl. Es taugt nicht. Es gefällt Gott nicht und auch keinem frommen Christenmenschen.

Es können doch wohl E.G. beiderseits Räte einsetzen und in Güte solches schlichten und stillen lassen. Und was ich und wir alle dazu tun können, täten wir gar herzlich gern und bitten Gott, den Vater aller Gnaden und Einigkeit, er wolle E.G. ein sanftes, weiches Herz geben, sein Werk (so E.G. beides meinen wollen) dem Teufel zuwider einträchtig und selig zu vollbringen. Amen. E.G. williger Martinus Luther eigene Hand.[87]

Am 1. Februar 1546 teilt Luther Melanchthon mit, dass der Streit über die Neustadt Eisleben beendet ist. Zwei Tage später muss er seine optimistische Mitteilung widerrufen, und am 6. Februar 1546 bittet er Melanchthon, dass er beim Kurfürsten seine Heimberufung bewirkt. Denn Luther hofft, dass er damit Druck auf die Beschleunigung der Verhandlungen ausüben kann. Die gewünschte

Heimberufung des Kurfürsten erhält Luther am 14. Februar 1546.

»Ihr wisst, ich bin ein Greis, und man muss mir auch in meiner Berufsarbeit alles gar gröblich zugute halten. Jetzt zieht man mich in einen lästigen, meiner Beschäftigung und Begabung fernliegenden und meinem hohen Alter ganz ungemäßen Streit. Ich würde Eure Anwesenheit wünschen, nötigte mich nicht die Rücksicht auf Eure Gesundheit zu der Meinung, dass es doch gut gewesen ist, Euch zu Hause zu lassen. Heute haben wir Gott sei Dank nicht ohne heftige Kämpfe das stacheligste aller Stachelschweine, die Angelegenheit der Neustadt, zur Strecke gebracht. Nun werden die Kämpfe milder werden, so Gott will. Doktor Melchior [Kling] habe ich, wie ich sehe, schwer gekränkt, obwohl ich doch bloß auf die Härten und Stacheln des Rechts ärgerlich war. Freilich hat er mich vorher beleidigt durch seine zaum- und zügellose Unsitte, auch schon vor dem Kampf von den aufgeblasensten Triumphen zu schwatzen. Die Juristen betört ihr bisschen Rechtskenntnis, während sie meiner Meinung nach von seiner Anwendung keine Ahnung haben. Sie sind wie ehrlose, gedungene Zungendrescher, die sich um Frieden, Gemeinwesen, Religion nicht kümmern. Wir aber sind eben darum jetzt und immerdar besorgt.

Auf der Reise packte mich meine Ohnmacht und dazu die Krankheit, die Ihr als ›tremor ventriculi‹ zu bezeichnen pflegt. Ich ging über meine Kräfte zu Fuß und schwitzte. Und als dann im Wagen das durchschwitzte Hemd abkühlte, griff die Kälte einen Muskel am linken Arm an. Daher kam die erwähnte Herzbeklemmung und Atemnot, an denen eben mein Alter schuld ist. Jetzt geht es mir ganz leidlich, wie lange freilich, weiß ich nicht, da man dem Alter nicht trauen darf, wo sich schon die Jugend nicht ganz sicher befindet.

Bisher wenigstens haben die Grafen durch Gottes Gnade sich uns gegenüber wie auch untereinander sehr wohlwollend erwiesen. Betet, dass Gott sie darin erhalte und fördere. Nachdem so Encelladus und Typhoeus [zwei Giganten der antiken Mythologie, die den Olymp stürmen wollten] gestürzt sind, wollen wir morgen an den Rest gehen, wobei wir meinen, von Pucher [Stadtvogt Wolf Pucher, der mit Graf Albrecht im Konflikt war] einige Schwierigkeiten erwarten zu müssen.«[88]

»Wir sitzen hier und liegen müßig und geschäftig herum, mein lieber Philippus, müßig, da wir nichts ausrichten, geschäftig, da wir Unendliches ertragen, da uns die Nichtswürdigkeit des Satans zu schaffen macht. Unter so vielen Wegen sind wir schließlich zu einem gelangt, der Hoffnung verhieß. Diesen hat wiederum der Satan verbaut. Einen anderen beschritten wir daraufhin, auf dem wir schon alles erledigt glaubten. Diesen hat wiederum der Satan verbaut. Ein dritter wurde eingeschlagen, der völlig sicher scheint und so, als könne er nicht trügen. Aber vom Ende her wird man das Getane werten.

Ich wünsche dringend und bitte Dich, dass Du mit Doktor Brück beim Kurfürsten betreibst, dass er mich brieflich nach Hause ruft aus dringenden Gründen. Vielleicht kann ich auf diese Weise erzwingen, dass sie die Einigung beschleunigen. Ich glaube nämlich, dass sie mein Fortgehen nicht ertragen können, solange die Dinge nicht erledigt sind. Ich will ihnen noch diese Woche Zeit geben. Dann will ich ihnen mit dem Brief des Fürsten drohen. Heute ist fast der zehnte Tag, dass wir angefangen haben, für die Neustadt eine Regelung zu finden. Ich glaube, sie ist mit viel geringeren Sorgen gegründet worden, als sie von uns mit einer Regelung bedacht werden kann. Es herrscht ein derartiges Misstrauen auf beiden Seiten, dass man in jeder Silbe argwöhnt, es werde einem Gift vorgesetzt. Du könntest sagen, das sei *Logomachia* [Wortkampf] oder *Logomania* [Wortverfallenheit]. Das hat man den Juristen zu verdanken, die der Welt so viele Gleichklänge, Sophistereien und Kniffe gelehrt haben und noch lehren, dass ihr Gerede viel konfuser ist als ganz Babylon [1. Mose 11,1–9: Turmbau zu Babel]. Dort nämlich konnte keiner den anderen verstehen. Hier will keiner den anderen verstehen. O Verleumder, o Sophisten, Pest des menschlichen Geschlechts! Zornig schreibe ich, und ich weiß nicht, ob ich nüchtern richtiger schriebe. Aber Gottes Zorn sieht auf unsere Sünden. Der Herr wird sein Volk richten, aber seinen Knechten wird er gnädig sein. Wenn das der Juristen Kunst ist, so wäre es nicht notwendig, dass ein Jurist so stolz sein sollte, wie sie alle sind.«[89]

»Ich habe den sehnlichst erwünschten Brief des Fürsten heute erhalten, der mich nach Hause ruft, mein lieber Philippus. Und ich eile aufzubrechen, da ich diese Dinge mehr als satt habe. Sorge aber bitte dafür, dass mir wenigstens, wenn ich denn auf der Reise bin, ein Bote entgegenkommt, der mir ein wenig von dem Ätzmittel bringt, mit dem mein Bein offengehalten wird. Denn die Wunde ist fast ganz zugeheilt, die in Wittenberg aufgegangen ist. Wie gefährlich das ist, weißt Du ja. Und hier gibt es kein solches Ätzmittel. Meine Käthe weiß, an welchem Platz in meinem Zimmer dieses so notwendige Mittel liegt.«[90]

Am 16. Februar 1546 unterzeichnet Luther gemeinsam mit Justus Jonas einen Vergleich über die Kirchen und Schulen in Mansfeld und Eisleben und am 17. Februar 1546 (einen Tag vor seinem Tod) mit Justus Jonas einen Ergänzungsvertrag, der in zahlreichen Einzelbestimmungen viele der zwischen den Grafen strittigen Fragen regelt und die übrigen auf eine weitere Zusammenkunft am 3. Mai 1546 verschiebt.

4 LUTHERS FAMILIE

4.1 VATER UND MUTTER

In der 1530 auf der Veste Coburg geschriebenen »Predigt, dass man Kinder zur Schule halten solle« erkennt Luther die Bemühungen des Vaters um seine Ausbildung trotz der finanziellen Belastung an. »Mein lieber Vater, der mich mit aller Liebe und Treue an die hohe Schule zu Erfurt brachte und durch seinen sauren Schweiß und seine Arbeit mir geholfen hat, wo ich hingekommen bin.«

Dass er das auf Wunsch des Vaters gewählte und am 19. Mai 1505 begonnene Jurastudium wenige Monate später aufgab und nach dem Gewittererlebnis (2. Juli 1505) ins Kloster der Augustiner-Eremiten in Erfurt eintrat (17. Juli 1505), empörte die Eltern. Die erforderliche Genehmigung gab der Vater nur widerwillig.

1506/1507 erhielt Luther die verschiedenen priesterlichen Weihen. Er wurde Subdiakon, Diakon und Priester. Nach Absprache mit dem Vater sollte die Primiz (die feierliche erste Messe) am 2. Mai 1507 (dem Sonntag Kantate) stattfinden. Zu dem Fest hatte Luther u. a. Johannes Braun, seinen ehemaligen Lehrer Wigand Güldenapf und seinen Großonkel

Konrad Hutter aus Eisenach eingeladen. Luthers Vater brachte 20 Gäste mit und stiftete dem Kloster 20 Gulden. Aber der Konflikt bestand auch nach der Teilnahme des Vaters an der Primiz weiter.

Den Konflikt mit dem Vater hat Luther erst in der Vorrede zu *De votis monasticis* (1521) zumindest für sich selbst aufgearbeitet. Dass in Wittenberg Mönche das Kloster verlassen hatten und weitere ihren Austritt planten, veranlasste Luther zu dieser Schrift, die in Inhalt und Wirkung zu seinen bedeutendsten gehört. *De votis monasticis* ist keine Streitschrift, sondern eine biblisch fundierte Gewissenhilfe für die bereits Ausgetretenen und die zum Austritt Entschlossenen. Luther fragt nicht, ob Gelübde zu halten seien, sondern, was wahre Gelübde sind.

In der vorangestellten ausführlichen Widmung für seinen Vater rechnet Luther mit seiner eigenen »Möncherei« ab. Den Eltern hätte er Gehorsam leisten müssen. Insofern war sein Gelübde ungültig. Es war aber nicht der Vater, sondern Gott, der ihn aus dem Mönchtum herausriss und in den Dienst seines Wortes stellte. Dieser Dienst steht über der Verpflichtung gegenüber seinem Vater. Denn die Autorität des Vaters ist eine von Gott gestiftete Autorität. Deshalb kann man Luthers Ringen mit Gott nicht als Vaterkomplex deuten.

In einer späteren Predigt sagt Luther dazu: »Der Vater hat nicht die Macht, in heimliche Gelübde zu willigen. Mein Vater wollte nicht einwilligen, dass ich Mönch würde. Aber danach willigte er gezwungen ein. Als ich meine erste Messe gesungen hatte, kam er, und als ich ihn ansprach: Lieber Vater, wie seid ihr darüber so zornig? Da antwortete er: Habt ihr nicht gelesen, du sollst Vater und Mutter ehren? Wohlan, wollte Gott, dass es keines Teufels Gespenst wäre. Also habe ich den väterlichen, freien Willen nicht können haben, sondern den gezwungenen Willen.«

Am 5. Juni 1530 erhält Luther von Hans Reinicke die Nachricht vom Tod seines Vaters. Er war schon im Februar erkrankt. Luther hatte ihm damals einen Trostbrief geschrieben, weil seine Reise nach Mansfeld »wegen der Herren und Bauern« zu gefährlich war. Luther nimmt seinen Psalter, gibt sich der Trauer hin und weint sich aus. Er erinnert sich an die vom Vater erfahrene Liebe, dem er »was ich bin und habe« verdankt. Es tröstet ihn, dass sein Vater das Licht der Wahrheit noch gesehen habe und im Glauben an Christus entschlafen sei. Zugleich ist das Ereignis ein Stück eigener Todeserfahrung. Er ist nun der Älteste in der Familie und wird dem Vater nachfolgen müssen.

»Ich erinnere mich, dass, als ich mein Gelübde abgelegt hatte und mein leiblicher Vater sehr unwillig darüber war, ich von ihm, als er sich schon zufrieden gegeben hatte, dies zu hören bekam: Wollte doch Gott, dass es nicht ein Blendwerk des Teufels wäre! Dieses Wort hat in meinem Herzen so tiefe Wurzeln geschlagen, dass ich niemals irgendetwas aus seinem Munde gehört habe, was ich beharrlicher im Gedächtnis bewahrt hätte. Es scheint mir, als habe Gott mich durch seinen Mund gleichsam von ferne angeredet, zwar spät, aber dennoch genug zur Strafe und Ermahnung.«[91]

In einem nicht überlieferten Brief, den Luther am 21. November 1521 von der Wartburg aus an seinen Vater schreibt (vgl. Briefe 2,404), widmet er ihm seine Schrift *De votis monasticis*. Die als Brief formulierte Widmung ist der Schrift vorangestellt.

Wittenberg, 21. November 1521

Seinem Vater Hans Luther wünscht Martin Luther, sein Sohn, Segen in Christus.

Dass ich Dir, lieber Vater, dieses Buch widme, ist nicht in der Absicht geschehen, Deinen Namen in der Welt hoch zu erheben, auch nicht, um uns, der Lehre des Paulus [Gal. 6,14] entgegen, zu rühmen. Ich möchte vielmehr diese für Dich und mich günstige Gelegenheit ergreifen, den frommen Lesern in einer kurzen Vorrede Anlass, Gegenstand und Absicht dieses Buches zu erzählen.

Um damit anzufangen. Ich will Dir nicht verbergen, dass Dein Sohn jetzt ganz fest zu der Überzeugung gekommen ist, dass es nichts Heiligeres, Wichtigeres und Gerechteres gibt als Gottes Gebot. Oh Jammer, wirst Du sagen, hast Du denn jemals daran gezweifelt und erst jetzt gelernt, dass es so ist? Ich dagegen sage: Oh großes Glück (dass ich es überhaupt gelernt habe)! Ich habe nämlich nicht nur daran gezweifelt, sondern ganz und gar nichts davon gewusst, dass es so ist. Wenn Du erlaubst, will ich sogar zeigen, dass Du offensichtlich mit mir in der gleichen Unwissenheit gewesen bist.

Es sind nun fast 16 Jahre her, seit ich gegen Deinen Willen und ohne Dein Wissen Mönch geworden bin. In väterlicher Sorge wegen meiner Anfälligkeit – ich war ein Jüngling von eben 22 Jahren, das heißt, um mit Augustin zu sprechen, in glühender Jugendhitze – fürchtetest Du für mich. Denn an vielen ähnlichen Beispielen hattest Du erfahren, dass diese Art zu leben manchem zum Unheil gereicht hatte. Deine Absicht war es sogar, mich durch eine ehrenvolle und reiche Heirat zu fesseln. Diese Sorge um mich beschäftigte Dich. Auch war Dein Unwille gegen mich nach dem Eintritt ins Kloster eine Zeitlang nicht zu besänftigen. Vergeblich redeten Dir die Freunde ein: Du solltest doch, wenn Du Gott etwas opfern wolltest, ihm Dein Teuerstes und Bestes darbringen. Inzwischen ließ Gott ein Psalmenwort in Deine Gedanken hineinklingen: »Der Herr weiß die Gedanken der Menschen, dass sie eitel sind«. [Ps. 94,11] Er predigte tauben Ohren. Endlich aber gabst Du doch nach und fügtest Dich dem Willen Gottes – aber ohne deswegen die Sorge um mich aufzugeben. Denn ich erinnere mich, als wäre es heute: Du sprachst schon wieder besänftigt mit mir. Da versicherte ich Dir, dass ich vom Himmel durch Schrecken gerufen, nicht etwa freiwillig oder auf eigenen Wunsch Mönch geworden sei. Noch viel weniger wurde ich es um des Bauches willen, sondern von Schrecken und der Furcht vor einem plötzlichen Tod umwallt und legte ein gezwungenes Gelübde ab. Da sagtest Du: »Möchte es nur nicht eine Täuschung und ein Blendwerk gewesen sein!« Dieses Wort drang – als wenn Gott durch Deinen Mund gesprochen hätte – in mich ein und setzte sich in meinem Innersten fest. Aber ich verschloss mein Herz, so gut ich konnte, gegen Dich und Dein Wort. Du sagtest auch noch etwas anderes. Als ich Dir in kindlichem Vertrauen Deinen Unwillen zum Vorwurf machte, da wiesest Du mich sofort in meine Schranken und tatest das so im rechten Augenblick und so treffend, dass ich in meinem ganzen Leben kaum von einem Menschen ein Wort gehört habe, das mächtiger auf mich gewirkt und fester in mir gehaftet hätte. Du sagtest nämlich: »Hast Du etwa noch nicht gehört, dass man seinen Eltern gehorchen soll?« Da habe ich das – in Selbstgerechtigkeit sicher – als Menschenwort gehört und kräftig verachtet. Denn aus innerer Überzeugung konnte ich dies Wort nicht verachten.

Hier siehe nun: Ob nicht auch Du nicht gewusst hast, dass man Gottes Gebote allen anderen Dingen voranstellen muss? Wenn Du gewusst hättest, dass ich damals noch ganz in Deiner Hand war, hättest Du mich dann nicht kraft Deiner väterlichen Autorität ganz aus der Mönchskutte herausgerissen?

Ebenso ich: Wenn ich das gewusst hätte, hätte ich es ohne Dein Wissen und gegen Deinen Willen nicht versucht, auch wenn ich viele Tode darüber hätte sterben müssen. Denn mein Gelübde war keinen Heller wert, weil ich mich dadurch der väterlichen Gewalt und dem Willen des göttlichen Gebots entzog. Ja es war sogar gottlos. Dass es nicht aus Gott sein konnte, erwies sich nicht nur daran, dass es gegen Deine Autorität sündigte, sondern auch daran, dass es nicht frei und willig gegeben war. Weiterhin geschah es im Vertrauen auf menschliche Lehren und heuchlerischen Aberglauben, die Gott nicht geboten hat. Aber Gott, dessen Barmherzigkeit unendlich und dessen Weisheit ohne Ende ist – siehe, wie viel Gutes er aus all diesen Irrtümern und Sünden hat erstehen lassen! Wolltest Du jetzt nicht lieber 100 Söhne verloren als dieses gute Endresultat nicht gesehen haben? Anscheinend hat der Satan an mir seit meiner Kindheit etwas von dem vorhergesehen, was er jetzt leidet. Deshalb war er mit unglaublichen Mitteln darauf aus, mich umzubringen und mich zu fesseln, so dass ich mich öfters gewundert habe, ob ich es allein unter den Sterblichen sei, auf den er es abgesehen hat. Der Herr aber hat, das sehe ich jetzt, gewollt, dass ich die »Weisheit« der hohen Schulen und die »Heiligkeit« der Klöster aus eigener, sicherer Erfahrung, das heißt an vielen Sünden und Gottlosigkeiten kennenlernen sollte. Die gottlosen Menschen sollten keine Gelegenheit erhalten, von mir als ihrem zukünftigen Gegner hochfahrend zu behaupten, ich verdamme Dinge, die ich nicht kenne. Ich habe also als Mönch gelebt, zwar nicht ohne Sünde, aber doch ohne Schuld. Denn Gottlosigkeit und Lästerung werden im Bereich des Papstes als hohe Frömmigkeit angesehen, keinesfalls gelten sie als schuldhafte Vergehen.

Was meinst Du also jetzt? Willst Du mich jetzt noch herausreißen? Noch bist Du Vater, noch bin ich Sohn, und alle Gelübde haben keine Bedeutung. Auf Deiner Seite steht göttliche Autorität. Auf meiner Seite steht menschliche Vermessenheit. Denn nicht einmal die Enthaltsamkeit, die sie mit vollem Munde rühmen, gilt etwas ohne den Gehorsam gegen Gottes Gebot. Enthaltsamkeit ist nicht geboten, Gehorsam aber ist geboten. Dennoch wollen die unsinnigen und albernen Papisten nicht dulden, dass dem jungfräulichen Stande und der Enthaltsamkeit etwas gleichgestellt werde. Sie rühmen beides mit wunderlichen Lügen, aber gerade ihr unsinniges Lügen und ihre maßlose Unwissenheit – beides zusammen und jedes für sich – sollten doch das alles verdächtig machen, was sie tun und meinen. Denn was ist das für eine Weisheit, wenn sie das Wort »Nichts kommt einer keuschen Seele gleich« so verdrehen, dass es scheint, als seien der jungfräuliche Stand und die Enthaltsamkeit allem vorzuziehen und als sei dieser Stand unveränderlich und als gäbe es keine Befreiung davon? Dabei ist doch dieses Wort von einem Juden zu Juden über eine keusche Ehefrau geschrieben. Denn bei den Juden galten Jungfräulichkeit und Enthaltsamkeit als etwas Verdammenswertes. So beziehen sie auch das Wort »Sie ist es, die kein Ehebett in Sünden gekannt hat«[Weish. Sal. 3,13], das doch die Keuschheit der *Ehefrau* rühmen soll, auf Jungfrauen. Kurz, während die Jungfräulichkeit in der heiligen Schrift nicht gepriesen, sondern nur bestätigt wird, wird sie mit dem Glanz der ehelichen Keuschheit wie mit fremden Federn gerade von denen geschmückt, welche bereit sind, die Seelen (zu Dingen) zu entflammen, die Gefahr für ihre Seligkeit bedeuten. Ist es etwa nicht so, dass einer gehorsamen Seele nichts Gleichwertiges an die Seite zu stellen ist? Gerade deswegen hält nichts den Vergleich mit einer keuschen Seele aus, das heißt mit einer züchtigen Ehefrau. Und das nicht nur deswegen, weil es ein Befehl Gottes ist, sondern weil – wie es in einem bekannten Sprichwort heißt – es für die Menschen nichts Begehrenswerteres gibt als eine züchtige Ehefrau. Aber jene zuverlässigen Schriftausleger beziehen das, was von der befohlenen Enthaltsamkeit gesagt wird, auf die nicht gebotene, und machen aus einer Wertschätzung durch Menschen eine Hochschätzung durch Gott. Deshalb geben sie von allem Dispens – auch von dem Gehorsam gegen Gott. Aber von der Enthaltsamkeit, auch wenn sie verboten ist, wenn sie nämlich gegen die Autorität der Eltern übernommen ist, dispensieren sie nicht. Oh diese würdigen und wahrhaft papistischen Doktorlein und Magisterlein! Jungfräulichkeit und Keuschheit sind zu preisen, aber doch so, dass durch ihre Größe die Menschen mehr abgeschreckt als angezogen werden. So hat Christus, als seine Jünger die Enthaltsamkeit rühmten und sprachen: »Steht die Sache eines Mannes mit seinem Weibe also, so ist es nicht gut zu heiraten« [Matth. 19,10], sie alsbald zurückgewiesen und gesagt: »Das Wort fasst nicht jedermann.« [Matth. 19,11] Fassen muss man das Wort, er wollte aber, dass es nur von wenigen verstanden würde.

Doch zurück zu Dir, lieber Vater! Ich frage nochmals, willst Du mich noch herausreißen? Aber damit Du Dich nicht rühmst: Der Herr ist Dir zuvorgekommen und hat mich selbst herausgerissen! Was ist schon dabei, ob ich Kutte oder Tonsur trage oder nicht? Machen etwa die Kutte und Tonsur einen Mönch? Paulus sagt: »Alles ist euer, ihr aber seid Christi« [1. Kor. 3,22f.]. Und ich sollte der Kutte angehören und nicht vielmehr die Kutte mir? Mein Gewissen ist frei geworden, das heißt aufs Gründlichste frei. Daher bin ich zwar ein Mönch und bin es doch auch wieder nicht. Ich bin eine neue Kreatur, nicht des Papstes, sondern Christi. Denn auch der Papst erschafft Kreaturen, aber Puppen und Pappen, das heißt ihm ähnliche Larven und Götzenbilder. So etwas bin ich früher auch gewesen, in die Irre geführt durch mancherlei Gebrauch der Worte, durch den auch der Weise – wie er (Jes. Sir. 34,12 f.) sagt – in Lebensgefahr geraten ist. Aber durch die Gnade Gottes wurde er daraus erlöst. Aber beraube ich Dich etwa wiederum Deines Rechtes und Deiner Gewalt? Fürwahr, Deine Gewalt über mich bleibt hier ganz unangetastet, soweit sie sich auf das Mönchsleben bezieht. Aber das bedeutet – wie ich bereits gesagt habe – nichts mehr für mich. Im Übrigen hat der, welcher mich herausgezogen hat, ein größeres Recht über mich als Du. Wie Du siehst, hat er mich nicht für den heuchlerischen Mönchsdienst, sondern zum wahren Gottesdienst bestellt. Denn wer könnte wohl daran zweifeln, dass ich im Dienste des Wortes stehe? Und das ist wahrlich ein Dienst, vor dem sich die Autorität der Eltern beugen muss. Christus sagt: »Wer Vater und Mutter mehr liebt als mich, der ist mein nicht wert.« [Matth. 10,37] Nicht, dass durch dieses Wort die Autorität der Eltern entleert würde. Der Apostel schärft es doch oft genug ein, dass die Kinder den Eltern gehorchen sollen [Eph. 6,1; Kol. 3,20]. Aber wenn die Berufung und die Autorität der Eltern und die Christi einander widerstreiten, dann soll allein die Autorität Christi gelten. Daher müsste ich Dir bei Gefahr meines Gewissens gehorchen (davon bin ich ganz fest überzeugt), wenn nicht über den Mönchsdienst hinaus noch der Dienst am Wort hinzugekommen wäre. Darauf wollte ich hinaus, als ich sagte, weder Du noch ich hätten früher gewusst, dass Gottes Gebote allen anderen voranzustellen sind. Aber fast die ganze Welt leidet an dieser Unwissenheit. Dieser Irrtum hat sich unter dem Gräuel Papsttum breitgemacht. Das hat auch Paulus vorhergesagt [2. Tim. 3,2]: Es würde Menschen geben, die den Eltern ungehorsam sind. Das trifft genau auf die Mönche und Priester zu, besonders auf die, welche sich unter dem Schein der Frömmigkeit und der Ergebenheit Gott gegenüber der Autorität der Eltern entziehen – als ob es einen anderen Dienst Gottes geben könnte, als seinen Geboten zu gehorchen, zu denen der Gehorsam gegen die Eltern gehört.

Ich schicke Dir daher dieses Buch, damit Du daraus sehen kannst, durch welche Zeichen und Kräfte Christus mich vom Mönchsgelübde erlöst und mich mit einer so großen Freiheit beschenkt hat, dass ich – obwohl jedermanns Knecht – niemandem Untertan bin als ihm allein. Denn er ist mein unmittelbarer (wie sie es nennen) Bischof, Abt, Prior, Herr, Vater und Lehrer. Einen anderen kenne ich nicht mehr. So hoffe ich: Wenn er Dir auch einen Sohn entrissen hat, wird er doch anfangen, vielen anderen mit ihren Söhnen durch mich zu helfen. Das darfst Du nicht nur gern hinnehmen, sondern Du solltest Dich dessen vielmehr freuen. Und ich bin fest davon überzeugt, dass das bei Dir so ist. Aber was, wenn mich der Papst tötet oder mich in die äußerste Hölle verdammt? Den Getöteten kann er nicht wieder auferwecken, damit er mich zwei- oder mehrmals töte. Hat er mich aber verdammt, so will ich, dass er mich niemals losspreche. Denn ich vertraue darauf, dass jener Tag nahe bevorsteht, an dem dieses Reich des Gräuels und Verderbens zerstört wird. Oh wenn wir doch zuvor wert erachtet würden, von ihm verbrannt und getötet zu werden! Dann würde unser Blut umso mehr danach verlangen und darauf drängen, das Urteil über ihn zu beschleunigen. Wenn wir aber nicht gewürdigt werden, mit unserem Blut Zeugnis abzulegen, so wollen wir wenigstens um die Barmherzigkeit bitten und flehen, mit unserem Leben und unseren Worten zu bezeugen, dass Jesus Christus allein der Herr unser Gott ist, gebenedeit von Ewigkeit zu Ewigkeit. Amen. In ihm lebe wohl, liebster Vater, und grüße meine Mutter, Deine Margaretha, samt der ganzen Verwandtschaft in Christus.[92]

Am 15. Februar 1530 schreibt Luther seinem Vater von Wittenberg aus und tröstet ihn in seiner Krankheit.

Wittenberg, 15. Februar 1530

Meinem lieben Vater, Hans Luther, Bürger zu Mansfeld im Tal.

Gnade und Frieden in Christus Jesus, unserm Herrn und Heiland. Amen.

Lieber Vater! Es hat mir Jakob, mein Bruder, geschrieben, dass Ihr gefährlich krank sein sollt. Weil denn jetzt böse Luft und sonst allenthalben Gefahr ist, auch der Zeiten wegen, bin ich bewegt, mich um Euch zu sorgen. Denn wiewohl Euch Gott bisher einen festen, starken Körper gegeben und erhalten hat, macht mir doch Euer Alter zu diesen Zeiten sorgenvolle Gedanken, obwohl wir alle ohnehin keine Stunde unseres Lebens sicher sind noch sein sollen. Deswegen wäre ich maßlos gern selbst leiblich zu Euch gekommen. Doch meine guten Freunde haben mir abgeraten und es ausgeredet. Und ich muss auch selbst bedenken, dass ich mich nicht, Gott versuchend, in die Gefahr wage. Denn Ihr wisst, wie mir Herren und Bauern gesinnt sind. Aber große Freude sollte es mir sein, wenn es möglich wäre, dass Ihr Euch ließet samt der Mutter hierher führen zu uns, was meine Käthe mit Tränen auch begehrt und wir alle. Ich denke, wir wollten Euer aufs Beste warten. Darauf habe ich Cyriacus [Kaufmann] zu Euch gesandt, um zu sehen, ob es bei Eurer Schwachheit möglich wäre. Denn es geriet mit Euch nach göttlichem Willen zu diesem oder jenem Leben, so wollte ich ja herzlich gern (wie auch wohl billig) leiblich um Euch sein und nach dem vierten Gebot mit kindlicher Treue und Dienst mich gegen Gott und Euch dankbar erzeigen.

Indessen bitte ich den Vater, der Euch mir zum Vater geschaffen und gegeben hat, von Herzensgrund, dass er Euch nach seiner grundlosen Güte stärken und mit seinem Geist erleuchten und bewahren wolle, damit Ihr mit Freuden und Danksagung die selige Lehre von seinem Sohn, unserm Herrn Jesus Christus, erkennt, zu welcher Ihr auch jetzt durch seine Gnade berufen und gekommen seid aus der gräulichen früheren Finsternis und Irrtümern. Und ich hoffe, dass seine Gnade, die solche Erkenntnis Euch gegeben und sein Werk damit in Euch angefangen hat, werde es bis zum Ende in jenes Leben und auf die fröhliche Zukunft unsers Herrn Jesus Christus bewahren und vollbringen. Amen.

Denn er hat solche Lehre und Glauben auch schon in Euch versiegelt und mit Merkzeichen bestätigt, nämlich dass Ihr um meines Namens willen viel Lästerung, Schmach, Hohn, Spott, Verachtung, Hass, Feindschaft und

Gefahr erlitten habt, samt uns allen. Das sind aber die rechten Malzeichen, darin wir unserem Herrn Christus gleich und ähnlich sein müssen, wie St. Paulus [Röm. 8,29] sagt, auf dass wir auch seiner zukünftigen Herrlichkeit gleich werden.

So lasst nun in Eurer Schwachheit das Herz frisch und getrost sein. Denn wir haben dort in jenem Leben bei Gott einen gewissen treuen Helfer, Jesus Christus, welcher für uns den Tod samt den Sünden erwürgt hat und jetzt dort für uns sitzt und samt allen Engeln auf uns sieht und uns erwartet, wenn wir heimfahren sollen. Dass wir nicht sorgen noch fürchten dürfen, dass wir versinken oder zum Abgrund fallen werden. Er hat zu große Gewalt über Tod und Sünde, so dass sie uns nichts tun können. Auch ist er so herzlich treu und fromm, dass er uns nicht lassen kann noch will. Aber wir müssen es ohne Zweifel begehren.

Denn er hat es geredet, verheißen und zugesagt. Er wird und kann uns nicht belügen noch betrügen, das hat keinen Zweifel. Bittet (spricht er), so sollt ihr es bekommen. Suchet, so sollt ihr es finden. Klopfet an, so wird euch aufgetan werden. [Matth. 7,7] Und anderswo [Apg. 2,21]: Alle, die den Namen des Herrn anrufen, sollen selig werden. Und der ganze Psalter ist voll solcher tröstlicher Verheißung, sonderlich der 91. Psalm, welcher für alle Kranken besonders gut zu lesen ist.

Solches will ich mit Euch schriftlich geredet haben, in Sorgen wegen Euer Krankheit (dieweil wir das Stündlein nicht wissen), damit ich teilhaftig werde Eures Glaubens, Kampfes, Trostes und Dankes gegen Gott für sein heiliges Wort, das er uns so reichlich, kräftig und gnadenreich zu dieser Zeit gegeben hat.

Ist es aber sein göttlicher Wille, dass Ihr auf jenes bessere Leben noch länger warten sollt und mit uns weiterhin in diesem betrübten und unseligen Jammertal mit leiden und Unglück sehen und hören oder auch samt allen Christen helfen tragen und überwinden sollt, so wird er auch Gnade geben, solches alles willig und gehorsam anzunehmen. Es ist ja doch dieses [durch den Sündenfall] verfluchte Leben nichts anderes als ein rechtes Jammertal, darin man je länger je mehr Sünde, Bosheit, Plage und Unglück sieht und erfährt. Und ist des alles kein Aufhören noch Abnehmen, bis man uns mit der Schaufel begräbt. Da muss es doch aufhören und uns zufrieden in der Ruhe Christi schlafen lassen, bis er kommt und weckt uns mit Fröhlichsein wieder auf. Amen.

Hiermit befehle ich Euch dem, der Euch lieber hat denn Ihr Euch selbst und solche Liebe darin bewiesen hat, dass er Eure Sünde auf sich genommen und mit seinem Blut bezahlt und solches Euch durch das Evangelium wissen lassen und durch seinen Geist solches zu glauben geschenkt und also alles aufs Gewisseste bereitet und versiegelt hat. Dass Ihr nicht mehr sorgen noch fürchten braucht, nur dass Ihr mit Eurem Herzen fest und getrost bleibt an seinem Wort und Glauben. Wenn das geschieht, so lasst ihn sorgen. Er wird es wohl machen, ja, er hat es bereits schon auf das Allerbeste gemacht, mehr als wir begreifen können. Derselbe unser lieber Herr und Heiland sei mit und bei Euch, auf dass (Gott gebe, es geschehe hier oder dort) wir uns fröhlich wiederum sehen mögen. Denn unser Glaube ist gewiss und wir zweifeln nicht, dass wir uns bei Christus wiederum sehen werden in Kurzem, weil der Abschied von diesem Leben für Gott viel geringer ist, als wenn ich von Mansfeld hierher von Euch oder Ihr von Wittenberg gen Mansfeld von mir zöget. Das ist gewisslich wahr, es ist um ein Stündlein Schlafs zu tun, so wird es anders werden. Wiewohl ich nun hoffe, dass Eure Pfarrherrn und Prediger

Euch in solchen Sachen ihren treuen Dienst reichlich erzeigen werden, dass Ihr meines Geschwätzes nicht sehr bedürft, habe ich es doch nicht lassen mögen, meine leibliches Abwesenheit, die mir (Gott weiß) von Herzen weh tut, zu entschuldigen.

Es grüßen Euch und bitten auch treulich für Euch meine Käthe, Hänschen, Lenchen, Muhme Lehne [Magdalena von Bora] und das ganze Haus. Grüßt meine liebe Mutter und die ganze Verwandtschaft. Gottes Gnade und Kraft sei und bleibe bei Euch ewiglich. Amen.

Zu Wittenberg, am 15 Febr. Anno 1530.

Euer lieber Sohn Martinus Luther.[93]

> Am 29. Mai 1530 stirbt sein Vater, was Luther auf der Coburg erst am 5. Juni durch Hans Reinicke erfährt.

»Heute schrieb mir Hans Reinicke, dass mein lieber Vater, Hans Luther der Ältere, aus diesem Leben geschieden ist. Dieser Tod hat mich wahrlich in tiefe Trauer versetzt, nicht allein der Natur, sondern auch der überaus herzlichen Liebe gedenkend. Denn mein Schöpfer hat mir durch ihn alles gegeben, was ich bin und habe. Und obwohl mich das tröstet, dass er schreibt, er sei stark im Glauben an Christus sanft entschlafen. So haben doch der Jammer und die Erinnerung an den überaus lieben Umgang mit ihm mein Innerstes erschüttert, so dass ich kaum jemals den Tod so verachtet habe. Aber »der Gerechte wird dahingerafft vor dem Unglück und geht in die Ruhe ein« [Jes. 57,1 f.]. Nämlich so oft sterben wir, ehe wir einmal wirklich sterben. Ich trete nun in die Erbschaft des Namens ein und bin fast der älteste Luther in meiner Familie. Nicht allein dem Zufall nach, sondern auch nach dem Recht steht es mir jetzt zu, ihm durch den Tod in das Reich Christi zu folgen, welches uns allen der gnädig verleihen wolle, um dessentwillen wir die Elendsten sind unter allen Menschen und eine Schmach der ganzen Welt. Deshalb, weil ich allzu betrübt bin, schreibe ich jetzt nicht mehr, denn es ist billig und gottgefällig, dass ich als Sohn einen solchen Vater betrauere, von dem mich der Vater der Barmherzigkeit empfangen und durch dessen Mühe er mich ernährt und ausgebildet hat, wie ich immer bin. Ich freue mich wirklich, dass er bis jetzt gelebt hat und das Licht der Wahrheit sehen konnte. Gelobt sei Gott in all seinem Tun und Rat in Ewigkeit. Amen. Ein andermal mehr, Grüße alle die Unseren. Am Pfingsttag 1530«[94]

Trostbrief für die erkrankte Mutter:

Wittenberg, 20. Mai 1531

Gnade und Frieden in Christus Jesus, unserem Herrn und Heiland. Amen.

Meine herzliebe Mutter! Ich habe das Schreiben meines Bruders Jakob über Eure Krankheit empfangen. Und es ist mir herzlich leid, sonderlich dass ich nicht bei Euch sein kann, was ich sehr gern wäre.

Obwohl ich hoffe, dass Euer Herz ohnehin längst und reichlich genug unterrichtet ist und Ihr gottlob sein tröstliches Wort wohl innehabt, dazu mit Predigern und Tröstern allenthalben versorgt seid, so will ich doch das Meine auch tun und meiner Pflicht nach mich als Euer Kind und Euch als meine Mutter erkennen, wie unser beider Gott und Schöpfer uns gemacht und gegeneinander verpflichtet hat, damit ich zugleich den Haufen Eurer Tröster vermehre.

Erstens, liebe Mutter, wisst Ihr von Gottes Gnaden nun wohl, dass Eure Krankheit seine väterliche gnädige Rute ist und gar ein geringe Rute gegen die, die er über die Gottlosen, ja auch oft über seine eigenen lieben Kinder schickt, da einer geköpft, der andere verbrannt, der dritte ertränkt wird, und so fort, dass wir allesamt müssen singen: Wir werden um deinetwillen täglich getötet und sind wie die Schlachtschafe. Darum soll Euch solche Krankheit nicht betrüben noch bekümmern. Sondern Ihr sollt sie mit Dank annehmen als von seiner Gnade geschickt, und bedenken, was für ein geringes Leiden es ist, wenn es gleich zum Tode oder Sterben führen sollte, gegen das Leiden seines eigenen lieben Sohnes, unseres Herrn Jesus Christus, welches er nicht für sich selbst, wie wir, leiden müssen, sondern für uns und um unserer Sünde erlitten hat.

Zum andern wisst Ihr, liebe Mutter, auch das rechte Hauptstück und der Grund Eurer Seligkeit, worauf Ihr Euren Trost setzen sollt in dieser und allen Nöten. Nämlich den Eckstein, Jesus Christus, der uns nicht wanken lassen noch täuschen wird, auch uns nicht sinken noch untergehen lassen kann. Denn er ist der Heiland und heißt der Heiland aller armen Sünder und aller, die in Not und Tod stecken, so sie auf ihn sich verlassen und seinen Namen anrufen.

Er spricht: Seid getrost, ich habe die Welt überwunden. Hat er die Welt überwunden, so hat er gewisslich auch den Fürsten der Welt mit aller seiner Macht überwunden. Was ist aber seine Macht anderes als der Tod, mit dem er uns unter sich geworfen, um unserer Sünde willen gefangen hatte? Aber nun, da der Tod und die Sünde überwunden sind, mögen wir fröhlich und getrost das süße Wort hören: Seid getrost, ich habe die Welt überwunden. Und sollen ja nicht daran zweifeln, dass es gewisslich wahr ist. Und nicht allein das, sondern uns wird auch geboten, dass wir mit Freuden und mit aller Danksagung solchen Trost annehmen sollen. Und wer sich von solchen Worten nicht trösten lassen will, der täte dem lieben Tröster Unrecht und die größte Unehre. Gleich als wäre es nicht wahr, dass er uns heißt getrost sein, oder als wäre es nicht wahr, dass er die Welt überwunden hätte, damit wir den überwundenen Teufel, Sünde und Tod uns selbst wieder zum Tyrannen stärken wider den lieben Heiland, wovor uns Gott behüten möge.

Deswegen mögen wir nun mit aller Sicherheit und Freudigkeit uns freuen. Und wenn uns ein Gedanke von der Sünde oder Tod erschrecken will, werden wir dagegen unser Herz erheben und sagen: Siehe, liebe Seele, wie tust du? Lieber Tod, liebe Sünde, wie lebst du und schreckst mich? Weißt du nicht, dass du überwunden, und du, Tod, ganz tot bist? Kennst du nicht einen, der zu dir sagt: Ich hab die Welt überwunden? Mir gebührt nicht, deinen Schrecken zu hören, noch anzunehmen, sondern die Trostworte meines Heilands: Seid getrost, seid getrost, ich habe die Welt überwunden.

Das ist der Siegmann, der rechte Held, der mir damit seinen Sieg gibt und zueignet: Seid getrost! Bei dem bleibe ich, an dessen Wort und Trost halte ich mich, darauf bleibe ich hier oder fahre dorthin, er belügt mich nicht. Dein falsches Schrecken wollte mich gern betrügen und mit Lügengedanken von solchem Siegmann und Heiland reißen. Und ist doch erlogen, so wahr es ist, dass er dich überwunden und uns getrost zu sein geboten hat.

Also rühmt St. Paulus auch und trotzt gegen des Todes Schrecken: Der Tod ist verschlungen im Sieg: Tod, wo ist dein Sieg? Hölle, wo ist dein Stachel? Schrecken und reizen kannst du wie ein hölzernes Todesbild. Aber Gewalt zu würgen hast du nicht. Denn dein Sieg, Stachel und Kraft sind im Sieg Christi verschlungen. Die Zähne magst du blecken, aber fressen kannst du nicht. Denn Gott hat uns den Sieg wider dich gegeben durch Jesus Christus, unseren Herrn, dem sei Lob und Dank gesagt. Amen.

Mit solchen Worten und Gedanken, liebe Mutter, lasse sich Euer Herz bewegen und sonst mit nichts. Und seid dankbar, dass Euch Gott zu solcher Erkenntnis gebracht hat und nicht in dem päpstlichen Irrtum hat stecken lassen, da man lehrte, auf unsere Werke und der Mönche Heiligkeit zu bauen und diesen einzigen Trost, unseren Heiland, nicht für einen Tröster, sondern für einen grausamen Richter und Tyrannen zu halten. Dass wir von ihm zu Maria und den Heiligen haben fliehen müssen und uns keine Gnade noch Trost von ihm haben erhoffen können.

Aber nun wissen wir es anders durch die grundlose Güte und Barmherzigkeit unseres himmlischen Vaters, dass Jesus Christus unser Mittler und Gnadenstuhl ist und unser Bischof im Himmel vor Gott, der uns täglich vertritt und versöhnt, alle, die nur an ihn glauben und ihn anrufen. Und weder ein Richter ist noch grausam, außer allein über die, die ihm nicht glauben noch seinen Trost und Gnade annehmen wollen. Er ist nicht der Mann, der uns verklagt oder droht, sondern der uns versöhnt und vertritt durch seinen eigenen Tod und sein Blut, für uns vergossen, dass wir uns nicht vor ihm fürchten, sondern mit aller Sicherheit zu ihm treten und ihn nennen sollen. Lieber Heiland, du süßer Tröster, du treuer Bischof unserer Seelen.

Zu solcher Erkenntnis, sage ich, hat Euch Gott gnädig berufen. Darauf habt Ihr sein Siegel und Briefe, nämlich das Evangelium, die Taufe und das Sakrament, wie Ihr hört predigen, so dass es keine Gefahr noch Not mit Euch haben soll. Seid nur getrost und dankt mit Freuden solcher großen Gnade! Denn der es in Euch angefangen hat, wird es auch gnädig vollenden. Denn wir können uns selbst in solchen Sachen nicht helfen. Wir mögen der Sünde, Tod und Teufel nichts abgewinnen mit unseren Werken. Darum ist da an unserer Statt und für uns ein anderer, der es besser kann und uns seinen Sieg gibt und befiehlt, dass wir es annehmen und nicht daran zweifeln sollen. Er spricht: Seid getrost, ich habe die Welt überwunden. Und abermals: Ich lebe, und ihr sollt auch leben, und eure Freude soll niemand von euch nehmen.

Der Vater und Gott allen Trostes verleihe Euch durch sein heiliges Wort und seinen Geist einen festen, fröhlichen und dankbaren Glauben, damit Ihr diese und alle Not selig überwinden und endlich schmecken und erfahren mögt, dass es die Wahrheit sei. Da er selbst spricht: Seid getrost, ich habe die Welt überwunden. Und ich befehle hiermit Euren Leib und Seele in seine Barmherzigkeit. Amen. Es bitten für Euch alle Eure Kinder und meine Käthe. Etliche weinen, etliche essen und sagen: Die Großmutter ist sehr krank. Gottes Gnade sei mit uns allen. Amen.

Euer lieber Sohn Martin Luther.[95]

4.2 ENTFÜHRUNG UND EHE

Leonhard Koppe studierte in Erfurt, war Ratsherr in Torgau und starb dort mit 88 Jahren. Am 4. April 1523 befreite er 12 Nonnen aus dem Kloster Marienthron in Nimbschen bei Grimma. Drei von ihnen gingen zu ihren in Kursachsen wohnenden Verwandten. Die übrigen neun konnten bei ihren Angehörigen keine Zuflucht finden, da ihre Güter im Herzogtum Sachsen lagen und sie Herzog Georgs Rache befürchten mussten. Koppe brachte sie deshalb am 7. April nach Wittenberg zu Luther, der sich insbesondere über Spalatin um Unterstützung für sie bemühte.

An seinen Freund Koppe, den er später auch zur Hochzeit einladen wird, schreibt Luther am 10. April 1523 von Wittenberg aus einen Brief, der als Flugblatt für die Öffentlichkeit bestimmt ist.

»Dem umsichtigen und weisen Leonhard Koppen, Bürger zu Torgau, meinem besonderen Freund, Gnade und Frieden.

[...] dass ihr ein neues Werk getan habt, davon Land und Leute singen und sagen werden. Die es mit Gott halten, werden es als große fromme Tat preisen, damit Ihr gewiss seid, dass es Gott so verordnet hat und es nicht Eure eigenes Werk und Rat ist. Unbeachtet lasst das Geschrei derjenigen, die es als das allerschlimmste Werk und wider Gottes Verordnung und Befehl tadeln. Pfui, pfui, werden sie sagen. Der Narr Leonard Koppen hat sich von dem verdammten ketzerischen Mönch fangen lassen und fährt hin und führt neun Nonnen auf einmal aus dem Kloster und hilft ihnen, ihr Gelübde zu verleugnen und das klösterliche Leben zu verlassen. [...] ein seliger Räuber, gleich wie Christus ein Räuber war in der Welt, da er durch seinen Tod dem Fürsten der Welt seinen Harnisch und Hausgerät nahm und ihn gefangen führte. Also habt Ihr auch diese armen Seelen aus dem Gefängnis menschlicher Tyrannei geführt, eben zur rechten Zeit, zu Ostern, da Christus auch die Seinen aus dem Gefängnis befreite.

Dass ich aber solches ausrufe und nicht heimlich halte, tue ich aus redlichen Ursachen. Erstens: was wir tun, das tun wir in Gott und scheuen uns dessen nicht beim Licht. Wollte Gott, ich könnte auf solche oder andere Weise alle gefangenen Gewissen erretten und alle Klöster leer machen. Zum anderen tue ich es wegen der armen Kinder, um ihnen Freundschaft und Ehre zu erhalten.

Zum dritten: um die Herren vom Adel zu warnen und alle frommen biederen Leute, die Kinder im Kloster haben, dass sie selbst etwas dazutun und sie herausnehmen, damit nichts Schlimmeres hernach folge.

Das sei meine Entschuldigung Euch gegenüber wegen der Sünde, dass ich Euer Werk verraten und offenbart habe.

Zum Ersten, dass die Kinder zuvor selbst ihre Eltern und Freunde demütig um Hilfe gebeten haben, um herauszukommen, und mit vernünftigen, überzeugenden Ursachen angezeigt haben, dass ein solches Leben um ihrer Seelen Seligkeit nicht länger zu erdulden sei, gleichzeitig aber angeboten haben, zu tun und zu erleiden, was fromme Kinder tun und erleiden sollen.

Zum anderen ist das eine hohe und wichtige Ursache und Not, dass man leider die Kinder, insbesondere das schwache weibliche Geschlecht und die jungen Mädchen in die Klöster stößt [...]. O die unbarmherzigen Eltern und Freunde, die mit ihren Angehörigen so gräulich und schrecklich verfahren, o die blinden und tollen Bischöfe und Äbte, die hier nicht sehen und fühlen, was die armen Seelen erleiden und wie sie verderben. [...] Denn es ist bekannt, dass in den Klöstern, insbesondere in den Nonnenklöstern, Gottes Wort nicht täglich und bisweilen überhaupt nicht umgeht, sondern dass sie sich nur quälen und umtreiben mit menschlichen Gesetzen und Werken.

Aufs Dritte ist bekannt und offenbar, dass ein Mensch wohl gezwungen werden kann, für die Welt etwas zu tun, was er nicht gern tut. Aber vor Gott und im Dienst Gottes soll und kann kein Werk noch Dienst erzwungen werden und ungern geschehen. Denn Gott gefallen nicht, und er will auch nicht erzwungene unwillige Dienste. [...] Da nun solche Gelübde ohne Lust und Verstand geschehen, achtet Gott sie nicht und nimmt sie nicht an. Das ist eine genügende Ursache, Gelübde und Kloster zu lassen und jedermann herauszuhelfen in einen anderen Stand.

Aufs Vierte: Eine Frau ist nicht geschaffen, Jungfrau zu sein, sondern Kinder zu bekommen. [...] soll eine Frau eine Frau bleiben und Frucht tragen, wozu sie Gott geschaffen hat, und es nicht besser machen, als er es gemacht hat.

Man soll die Gelübde halten. Das ist wahr, wenn du göttlich gelobst, was dein ist und in deiner Macht steht. [...] Wie ich nun keine Gabe Gottes geloben kann, so kann ich auch Keuschheit nicht geloben. [...] Siehe zuvor, ob es möglich und göttlich ist, was du gelobst, denn wenn ein unmögliches Gelübde gilt, könntest du wohl geloben, eine Mutter Gottes zu werden.

Das will ich diesmal, mein guter Freund, kurz zur Rechtfertigung geschrieben haben, für euch, für mich und für diese Jungfrauen, auch für alle, die diesem Beispiel nachfolgen wollen. Und ich bin gewiss, dass wir damit vor Gott und der Welt untadelig bestehen können. Aber den Widersachern und verstockten Köpfen, denen Gott selbst nicht genug tun kann, wollen auch wir uns nicht vermessen, genug zu tun, sondern sie toben und lästern lassen, bis sie es leid werden. Wir haben einen Richter über uns, der wird recht richten.

Ich will auch die Jungfrauen hier nennen, damit alles offen zu Tage liegt. Es sind nämlich diese: Magdalena Staupitz, Elsa von Canitz, Ave Groß, Ave von Schönfeld und ihre Schwester Margarete von Schönfeld, Laneta von Golis, Margarete von Zeschau und ihre Schwester Katharina von Zeschau und Katharina von Bora. Der allmächtige Gott wolle gnädig erleuchten alle Freunde von denen, die mit Gefahr und Unlust im Kloster sind, dass sie ihnen treulich heraushelfen. Welche aber geistig verständig sind und das Klosterleben nützlich zu brauchen wissen und gern drin sind, die soll man im Namen Gottes bleiben lassen.«[96]

Am 10. April 1523 schreibt Luther an Spalatin und bittet ihn um Unterstützung.

»Gnade und Friede zuvor! Ihr wisst, dass die neun abtrünnigen Nonnen bei mir angelangt sind, ein elendes Völklein, aber durch ehrenhafte Bürger von Torgau mir zugeführt: durch Leonhard Koppe, dessen Vetter und Wolff Dommitzsch, so dass ein ungünstiger Verdacht nicht aufkommen kann. Sie jammern mich sehr, am allermeisten aber auch jene anderen, die noch allenthalben in so großer Zahl an jener verfluchten, unreinen Keuschheit zu Grunde gehen. Ihr Geschlecht ist an sich das schwächste und durch die Natur, ja durch Gott an den Mann gebunden. Und nun ist man so grausam, es abzusondern und dadurch zu verderben. Wie harte, grausame Eltern und Familienhäupter wohnen in deutschen Landen! Doch wer kann zuerst dich, Papst, und euch, Bischöfe, deswegen genügend schmähen! Wer kann eure blinde Wut, mit der ihr solche Grausamkeiten lehrt und fordert, genug verwünschen! Aber dafür ist hier nicht der Ort.

Ihr wollt wissen, was ich mit den Nonnen zu tun gedenke. Zunächst werde ich es den Verwandten anzeigen und sie bitten, sie aufzunehmen. Lehnen diese ab, werde ich ihnen anderswo Aufnahme verschaffen. Von manchen Seiten ist mir das zugesagt worden. Einige will ich auch, sofern möglich, im Ehestand unterbringen. Die Namen sind Magdalena Staupitz, Elsa von Canitz, Ave Grossyn, Ave Schonfelt und ihre Schwester Margarete Schonfelt, Laneta von Golis, Margarete Zeschau und ihre Schwester Katharina Zeschau und endlich Katharina von Bora. Ihr Zustand fordert wahrlich das Mitleid heraus, und Ihr werdet Christus in ihnen dienen. Ihre Flucht ist ein wirkliches Wunder. Ich ersuche Euch, auch von Eurer Seite ein Werk der Liebe zu tun und an meiner Statt bei Euren reichen Freunden am Hof etwas Geld zu sammeln, damit ich sie eine oder ein paar Wochen erhalten kann, bis ich sie ohne Umstände ihren Verwandten oder den genannten Gönnern übergebe. Denn das von Tag zu Tag reichlicher ausgehende Wort belastet meine Haushalt so, dass ich neulich auf meine eigene Person nicht zehn Gulden für einen armen Bürger leihen konnte. Die Armen, die gern geben würden, haben nichts. Und die Reichen schlagen es entweder ab oder tun sich so schwer, dass entweder sie den Dank bei Gott verscherzen oder ich meine Freiheit verlieren muss. Aber das passt zur Welt und ihrem Sinn. Schließlich erhalte ich an Besoldung nur jährlich neun alte Schock, und darüber hinaus fließt mir ebenso wenig wie meinen Brüdern auch nur ein Heller aus der Bürgerschaft zu. Aber das verlange ich auch nicht von ihnen und will lieber dem Ruhm des Apostel Paulus nachstreben und mit ihm, es gehe wie es gehe, andere Gemeinden berauben, um meinen Korinthern umsonst zu dienen. [...]«[97]

Zu den Spekulationen über seine Ehe äußert sich Luther in zahlreichen Briefen.

»Dass mir Argula [von Grumbach] von Heiratsplänen schreibt, dafür danke ich und wundere mich nicht, dass solche Dinge über mich geschwatzt werden, da auch viel anderes geschwatzt wird. Aber Du danke ihr in meinem Namen und sage ihr, ich sei zwar in der Hand Gottes als eine Kreatur, deren Herz er jede Stunde und jeden Augenblick ändern und wieder ändern, töten und lebendig machen kann. Doch bei der Gesinnung, die ich gehabt habe und noch habe, wird es nicht geschehen, dass ich heirate. Nicht dass ich mein Fleisch und Geschlecht nicht spüre –

ich bin weder Holz noch Stein –, aber mein Sinn steht der Ehe fern, da ich täglich den Tod und die verdiente Strafe für einen Ketzer erwarte. Daher werde ich auch Gott keine Grenze seines Werks in mir setzen noch mich auf mein Herz verlassen. Ich hoffe aber, dass er mich nicht lange leben lassen wird. Gehab Dich wohl und bete für mich.«[98]

»Und wenn Seine Kurfürstlichen Gnaden [Albrecht von Mainz] abermals sagen würde, wie ich zuvor auch gehört habe: warum ich nicht auch [eine Frau] nähme, der ich jedermann dazu reize, darauf sollt Ihr antworten, dass ich immer noch gefürchtet hätte, ich sei nicht tüchtig genug dazu. Doch wenn meine Ehe Seiner Kurfürstlichen Gnaden eine Stärkung sein könnte, wollte ich gar bald bereit sein, Seiner Kurfürstlichen Gnaden zum Exempel vorherzutraben, nachdem ich doch sonst die Absicht habe, ehe ich aus diesem Leben scheide, mich in dem Ehestand finden zu lassen, welchen ich als von Gott gefordert erachte, und sollte es nichts weiter als eine verlobte Josephsehe sein.«[99]

Einladungen zur Hochzeit am 27. Juni 1525:

»Ich habe denen das Maul gestopft, die mich mit Katharina von Bora in üblen Ruf bringen, lieber Spalatin. Kommt es dazu, dass ich ein Festmahl mache, meinen Ehestand damit zu bezeugen, dann musst Du nicht allein dabei sein, sondern auch mithelfen, wenn etwas an Wildbret nötig sein sollte. Indessen wünsche uns Glück und Gottes Segen.

Ich habe mich durch diese Heirat so verächtlich und geringschätzig gemacht, dass ich hoffe, es sollen die Engel lachen und alle Teufel weinen. Die Welt und ihre Weisen verstehen dieses göttliche und heilige Werk nicht, ja, sie machen es an meiner Person gottlos und teuflisch. Deshalb habe ich größeren Gefallen daran, dass aller deren Urteil durch meinen Ehestand verurteilt und beleidigt wird, die in der Unkenntnis Gottes zu bleiben fortfahren wollen. Gehab Dich wohl und bete für mich.«[100]

»Gott hat mich, obwohl ich ganz andere Gedanken hatte, unversehens mit Katharina von Bora, jener Klosterjungfrau, wunderbar in den Ehestand getrieben. Das Hochzeitsmahl beabsichtige ich, wenn möglich, am 17. Juni zu geben. Ich will aber nicht, dass Du Dich mit Unkosten beladen sollst, sondern als Einladung befreie ich Dich mit Zustimmung meiner Herrin von der schuldigen Gabe eines Bechers. Wenn Du jedoch zur Hochzeit kommst, so will ich, dass Du auf keinen Fall einen Becher oder sonst irgendetwas mitbringst. Nur wünsche mir zu diesem christlichen Werk, um dessentwillen ich geschmäht und gelästert werde, Glück und Gottes Segen. Gehab Dich wohl und bete für mich.«[101]

»Dem gestrengen und festen Johann Dolzig, Marschall zu Sachsen, meinem günstigen Herrn und guten Freund.
    Gnade und Frieden in Christus! Gestrenger, ehrenfester, lieber Herr und Freund! Es ist ohne Zweifel mein abenteuerliches Geschrei zu Euch gekommen, dass ich ein Ehemann geworden bin. Wiewohl mir aber dasselbe fast seltsam ist und ich es selbst kaum glaube, so sind doch die Zeugen so stark, dass ich es denselben zu Dienst und Ehren glauben muss und mir vorgenommen habe, am nächsten Dienstag mit Vater und Mutter samt anderen guten Freunden in einem Festmahl dasselbe zu versiegeln und gewiss zu machen. Ich bitte deshalb sehr freundlich, wenn es nicht beschwerlich ist, wollet mich freundlich beraten mit einem Wildbret und selbst dabei sein und helfen, das Sie-

gel aufzudrucken mit Freuden, und was dazu gehört. Hiermit Gott befohlen. Amen.«[102]

»Schon suchte man für mich einen Boten, der diesen Brief zu Dir bringen sollte, lieber Amsdorf, und siehe, da wird mir der Deinige gebracht. Nun, das Gerücht ist wahr, dass ich mit Katharina plötzlich verehelicht worden bin, ehe ich genötigt wurde, über mich lärmende Mäuler zu hören, wie es zu geschehen pflegt. Denn ich hoffe, dass ich noch eine kurze Zeit leben werde, und ich habe diesen letzten Gehorsam meinem Vater, der in der Hoffnung auf Nachkommenschaft dazu aufforderte, nicht abschlagen können. Zugleich wollte ich auch das mit der Tat bekräftigen, was ich gelehrt habe, denn so viele Kleinmütige finde ich bei so großem Licht des Evangeliums. So hat Gott es gewollt und gemacht. Denn ich empfinde nicht fleischliche Liebe noch Hitze, sondern ich verehre meine Frau. Ich will daher am nächsten Dienstag ein Gastmahl geben zum Zeugnis meiner Ehe, wo meine Eltern zugegen sein werden. Deshalb will ich, dass Du auf jeden Fall dabei bist. Darum lade ich Dich jetzt ein, wie es beschlossen war, und bitte Dich, sage nicht ab, wenn Du irgend kannst.«[103]

»Gnade und Frieden zuvor! Lieber Herr Spalatin! Um einen Irrtum zu vermeiden: Mein Hochzeitsmahl soll am Dienstag stattfinden, und die Hauptmahlzeit soll an diesem Vormittag eingenommen werden. Das [vom Hof erbetene] Wildbret darf ja nicht zu spät kommen, sondern muss, wenn möglich, tags zuvor am frühen Abend da sein. Ich möchte nämlich das ganze Gepränge für die gewöhnlichen Gäste an einem Tag abmachen. Ich schreibe dies deshalb, weil Leonhard Koppe meinen Brief nicht verstanden hat, damit nicht auch Ihr mich missversteht. Lebt wohl.«[104]

Am 29. Januar 1499 wurde Katharina von Bora in Lippendorf bei Leipzig geboren. Die finanziellen Verhältnisse des verarmten Adels waren schwierig, und die Mutter starb bereits 1505. Insofern bot das Kloster (zunächst das Benediktinerkloster von Brehna und drei Jahr später das unweit von Grimma gelegenen Zisterzienserkloster Marienthron), in das sie der Vater 1508/09 brachte, für sie eine gute Lebens- und Ausbildungsmöglichkeit. Nach einjährigem Noviziat legte Katharina 1515 das Klostergelübde ab. Ein Dokument für Luthers Liebe und Respekt ist das 1542 eigenhändig aufgesetzte *Testament*. Zwei Jahre vorher hatte er in einer Tischrede erklärt: »Dich, Käthe, setze ich zur Universalerbin ein. Du hast die Kinder getragen und ihnen die Brust gereicht. Du wirst ihre Sache nicht zu ihrem Nachteil führen. Den Vormunden bin ich feind, sie machen's selten gut.« In seinem Testament erklärte Luther Käthe nicht allein zur Universalerbin, sondern bestellte sie auch zum einzigen Vormund der Kinder. Beide Verfügungen widersprachen dem geltenden Recht. Luther verstand es als Dank dafür, dass Käthe »mich als ein fromm, treu, ehelich Gemahl allzeit lieb, wert und schön gehalten und mir durch Gottes Segen fünf lebendige Kinder geboren und erzogen hat.«[105]
Im Herbst 1546 zwang sie der Schmalkaldische Krieg, mit den Kindern nach Magdeburg zu fliehen. Im April 1547 kehrte sie nach Wittenberg zurück und machte sich wegen der eingerückten kaiserlichen Truppen erneut auf die Flucht. Als im Sommer 1552 in Wittenberg wieder einmal die Pest ausbrach, ver-

legte man die Universität nach Torgau. Im September reiste Katharina mit den beiden jüngsten Kindern ebenfalls nach Torgau. Die Kutsche stürzte um, Katharina wurde lebensgefährlich verletzt und starb am 20. Dezember 1552 (drei Tage nach dem 18. Geburtstag von Margarethe, ihrem jüngsten Kind). In der Torgauer Kirche, wo sie ihre letzte Ruhe fand, erinnert ein großer Grabstein an sie.

Katharinas Briefe sind bedauerlicherweise nicht erhalten, und von Luthers Briefen an seine Frau sind nur 21 überliefert, die hier vollständig nachgedruckt werden.
Die liebevolle Verehrung für diese außergewöhnliche und gebildete Frau *(Tieffgelereten frawen)* wird bereits in den humorvoll variierten *Anreden* deutlich, zugleich die vielgestaltige Tätigkeit von Katharina.

Herr: Diese in der Literatur gern glossierte Anrede zeigt ironisch Luthers Respekt. Er verwendet sie nur in drei der erhaltenen Briefe, und zwar mit der ehrenden Ergänzung »Doktorin, Predigerin zu Wittenberg« oder dem vorangestellten »freundlichen, lieben«.
Insbesondere während der zahlreichen Reisen Luthers war Katharina »Herr« und »Frau« im Haus und für alles allein verantwortlich. Zu den eigenen Kindern kamen die von Luthers früh verstorbener Schwester und die berühmte *Muhme Lene* (eine Tante von Käthe). Außerdem wohnten in Luthers Haus Studenten sowie bisweilen 25 auswärtige Gäste.
Hertzlieben Hausfrauen: Luther bevorzugt die An-

rede »freundliche« oder »liebe« oder »gnädige« Hausfrau und differenziert ihre vielgestaltige häusliche Tätigkeit.

Brauerin: Käthe braute ein gutes Bier, das sogenannte Klosterbier, das jedoch wenig Alkoholgehalt hatte und nicht so gut schmeckte wie das Torgauer oder Einbecker.

Gärtnerin: Trotz der ungeheuren Arbeitsbelastung im Haus wünschte Katharina weitere landwirtschaftliche Flächen. Luther kaufte ihr deshalb bereits Anfang der 30er Jahre einen kleinen Garten im Eichenpfuhl vor dem Elstertor und dann weitere Grundstücke.

Saumarkterin: Am 19. April 1532 hatte Luther von Klaus Bildenhauer einen Garten vor der Stadt mit Fischweiher und Obstbäumen gekauft, der als Garten am Saumarkt bezeichnet wurde. Da Käthe sich in diesem Garten betätigte, nennt Luther sie in seinen Briefen bisweilen Saumarkterin oder Frau bzw. Richterin auf dem Saumarkt.

Doktorin: Katharina von Bora beherrschte die lateinische Sprache durch ihre Schulausbildung im Kloster und beteiligte sich bei den in lateinischer Sprache geführten Gesprächen. In seinem ersten Brief (vom Marburger Religionsgespräch 1529) teilt Luther ihr nicht nur seine grundsätzliche Ablehnung pointiert mit (»wir wollen so Brüder und Glieder nicht«), sondern zitiert auch die Passagen der Gegner lateinisch. In den Tischreden wird Luther als »Doctor« und sie als »Doctorissa« bezeichnet und in Briefen wird sie nicht nur von Luther als »Frau Doctorin« angeredet. Katharina redete ihren Mann in der Öffentlichkeit mit »Ihr« und »Herr Doctor« an.

Predigerin nennt Luther sie bereits in dem am 4. Oktober 1529 von Marburg aus geschriebenen Brief, der eine lateinische Passage zum Abendmahlsstreit mit Zwingli enthält. Denn sie konnte sich, wie erwähnt, an einer lateinischen Disputation beteiligen.

Zulsdorferin: Aus ihrem eigenen Familienbesitz erbte Katharina das kleine Gut Zulsdorf (Zölsdorf), weshalb Luther sie brieflich auch als »reiche Frau von Zulsdorf« anredet.

Im Mai 1540 kaufte Luther seinem Schwager Hans von Bora für 610 Gulden das kleine Landgut ab. Als er nicht mehr nach Wittenberg zurückkehren will, empfiehlt er, »dass du dich gen Zulsdorf setzest«, wo Katharina bereits tage- und wochenlang lebte.

Im ersten Brief an seine Frau berichtet Luther über das *Marburger Religionsgespräch* (2. bis 4. Oktober 1529).

Marburg, 4. Oktober 1529

Meinem freundlichen, lieben Herrn Katharina Lutherin, Doktorin, Predigerin zu Wittenberg.

Gnade und Friede in Christus. Lieber Herr Käthe! Wisset, dass unser freundliches Gespräch zu Marburg ein Ende hat. Wir sind in fast allen Stücken eins, nur dass die Gegenseite wollte eitel Brot im Abendmahl behalten und Christus als geistlich darinnen gegenwärtig bekennen. Heute verhandelt der Landgraf, ob wir eins werden können oder doch gleichwohl, so wir uneins blieben, uns dennoch untereinander für Brüder und Christi Glieder halten können. Darum bemüht sich der Landgraf sehr. Aber wir wollen solche Brüder und Glieder nicht. Friedliches und Gutes wollen wir wohl. Ich vermute, morgen oder übermorgen werden wir aufbrechen und zu E.G. Herrn gen Schleiz im Vogtland ziehen, wohin uns S.K.F.G. berufen hat.

Sage dem Herrn Pomer [Bugenhagen], dass die besten Argumente von Zwingli [Reformator Zürichs] gewesen sind, dass ein Leib nicht ohne [einen bestimmten] Ort sein kann, daher sei Christi Leib nicht im Brot, und von Oekolampad [Reformator Basels] dies: Das Sakrament ist ein Zeichen für den Leib Christi. Ich denke, Gott hat sie verblendet, dass sie nichts haben vorbringen können. Ich habe viel zu tun, und der Bote eilt. Sage allen gute Nacht und betet für uns! Wir sind noch alle frisch und gesund und leben wie die Fürsten. Küsst Lenchen und Hänschen! Am Tage Francisci, 1529.

Euer williger Diener Martinus Luther.

Johann Brenz, Andreas Osiander, Doktor Stephan von Augsburg [Agricola] sind auch hierher gekommen.

Sie sind hier toll geworden im Erschrecken vor dem Schweiß [dem »englischen Schweiß«, einer ansteckende Fieberkrankheit]. Gestern haben sich fast 50 hingelegt, von ihnen sind einer oder zwei gestorben.[106]

Unter den zahlreichen *Wartburgbriefen* findet man keinen an Katharina, und von der Veste Coburg sind nur fünf Briefe Luthers an seine Frau überliefert. Vor dem Brief vom 5. Juni 1530 hat Luther bereits drei Briefe an sie geschrieben, die nicht erhalten sind. Luther vermutet zunächst, dass der Reichstag vielleicht gar nicht stattfindet. Am 14. August 1530 wartet er noch immer auf Nachrichten aus Augsburg. Als er dann die ersten Informationen erhält, legt er die Briefe seinem Schreiben vom 15. August 1530 bei. Am 8. September 1530 teilt er Katharina das Ende des

Reichstags mit und am 24. September 1530 hofft er auf seine Rückkehr in zwei Wochen.

Veste Coburg, 5. Juni 1530

Meiner herzlieben Hausfrau Katharina Luther in Wittenberg zu Händen.

Gnade und Friede in Christus! Liebe Käthe! Ich habe, glaube ich, alle Deine Briefe empfangen. So ist dies der vierte Brief, den ich Dir schreibe, seid Johann von hier zu Dir gegangen ist. Lenchens Bild habe ich mit der Schachtel auch. Ich erkannte das Hürlein [Mädchen] zuerst nicht, so schwarz schien es mir zu sein. Ich meine, wenn Du es entwöhnen willst, was gut ist, tu es allmählich, so dass Du zuerst am Tag einmal abbrichst, danach zweimal am Tag, bis es vorsichtig ablässt. So hat mir Georgen von Grumpachs Mutter, Frau Argula, geraten, die hier bei uns war und mit mir gegessen hat. Hans Reinicke von Mansfeld auch und George Römer, so dass wir an einen andern Ort müssten, denn es wird zur allgemeinen Wallfahrt hierher werden.

Sage Meister Christian [Döring], dass ich bisher keine schlechtere Brille gesehen habe, als mit seinem Brief gekommen ist. Ich konnte keinen Stich hindurch sehen. So ist mir auch der Brief an den Vater von Kunz nicht gelungen. Auch bin ich nicht in [der Stadt] Coburg. Kann ich aber sonst etwas dazutun, will ich es nicht unterlassen. Du sollst aber Deine Briefe Paul Bader zustellen lassen, der wird sie mir gewiss bringen.

Man beginnt sowohl in Nürnberg wie in Augsburg zu zweifeln, dass etwas aus dem Reichstag wird. Der Kaiser verzögert sich noch immer in Innsbruck. Die Pfaffen haben etwas vor, und es geht mit Kräutern [unrechten Dingen] zu. Gott gebe, dass sie der Teufel bescheiße [betrüge].

Amen. Lass den Herrn Pomer den Brief Doktor Wenzels [Link] lesen. In Eile, der Bote wollte nicht warten. Grüße, küsse, herze und sei freundlich allen und jedem nach seinem Stand! Am Pfingsttag früh 1530. Martin Luther.[107]

Veste Coburg, 14. August 1530

Gnade und Friede in Christus! Meine liebe Käthe! Dieser Bote lief eilend vorüber, so dass ich nichts mehr schreiben konnte, nur dass ich ihn nicht ohne meine Handschrift gehen lassen wollte. Du kannst Herrn Johann Pomern [Bugenhagen] und allen sagen, dass ich bald mehr schreiben will. Wir haben noch nichts von Augsburg, warten aber jede Stunde auf Botschaft und Schrift. Aus fliegenden Reden wissen wir, dass unseres Gegners Antwort [die *Confutatio*] öffentlich verlesen wurde. Man habe den Unseren aber keine Abschrift geben wollen, um darauf zu antworten. Ich weiß nicht, ob das wahr ist. Wo sie das Licht so scheuen, werden die Unseren nicht lange bleiben. Ich bin seit Lorenztag [10. August] gesund gewesen und habe kein Sausen im Kopfe gefühlt. Das hat mich fein lustig gemacht zu schreiben, denn bisher hat mich das Sausen sehr geplagt. Grüße alle und alles! Ein andermal weiter. Gott sei mit Euch. Amen. Und betet getrost, denn es ist gut angelegt, und Gott wird helfen. Gegeben am Sonntag nach dem Lorenztag Anno 1530. Martinus Luther.[108]

Veste Coburg, 15. August 1530

Meinem lieben Herrn, Frau Katherina Luther zu Wittenberg, zu Händen.

Gnade und Friede in Christus! Meine liebe Käthe! Als ich den Brief [vom 14. August] zugemacht hatte, kamen zu mir diese Briefe von Augsburg [von Jonas, Melanchthon und Agricola vom 6. August und von Agricola vom 8. August]. Da ließ ich den Boten aufhalten, dass er sie mitnähme. Daraus werdet Ihr wohl vernehmen, wie es zu Augsburg mit unserer Sache steht, fast so, wie ich in dem anderen Brief geschrieben habe. Lass sie Dir von Peter Weller vorlesen oder von Herrn Johann Pomer. Gott helfe weiter, wie er gnädig angefangen hat. Amen.

Jetzt kann ich nicht mehr schreiben, weil der Bote so wegfertig dasitzt und wartet. Grüße Hans Luther und seinen Schulmeister [Hieronymus Weller], dem will ich bald auch schreiben. Grüße Muhme Lene und alle! Wir essen hier reife Weintrauben, obwohl es diesen Monat draußen sehr nass gewesen ist. Gott sei mit euch allen. Amen.

Es verdrießt mich, dass unser Drucker so schändlich zögert mit den Exemplaren! Ich schickte ein solches Exemplar darum hin, dass sie bald fertig werden sollten. Da machen sie mir ein Lagerobst daraus. Wollte ich sie so liegen haben, ich hätte sie wohl hier bei mir auch aufheben können. Ich habe Dir geschrieben, dass du den Sermon [*eine Predigt, dass man Kinder zur Schulen halten solle*], wenn er nicht angefangen hat, von Schirlenz nehmen und Georg Rhau geben sollst. Ich kann mir denken, dass Schirlenz kaum das Papier hat, um ein großes Exemplar zu verlegen. Ist nichts geschehen, so schaffe, dass es bald geschehe und der Sermon aufs Förderlichste gefertigt werde.[109]

Veste Coburg, 8. September 1530

Meiner herzlieben Hausfrau Käthe Luther in Wittenberg zu Händen.

Gnade und Friede in Christus. Meine liebe Käthe, dieser Bote eilt vorüber, dass ich nicht viel schreiben konnte. Ich hoffe aber, wir werden bald selbst kommen. Denn der Bote bringt uns von Augsburg Briefe, dass die Angelegenheit in unserer Sache ein Ende habe und man nun wartet, was der Kaiser beschließen und urteilen wird. Man vermutet, dass alles aufgeschoben werde auf ein künftiges Konzil. Denn der Bischof zu Mainz und der zu Augsburg halten noch [an ihrer günstigen Meinung] fest. Doch wollen auch der Pfalzgraf, Trier und Köln nicht zum Unfrieden oder Krieg einwilligen. Die andern würden gern wüten und erwarten, dass der Kaiser es ernsthaft gebieten werde. Es geschehe, was Gott will, dass nur des Reichstags ein Ende werde. Wir haben genug getan und angeboten. Die Papisten wollen nicht ein Haar breit weichen. Darum wird einer kommen, der sie lehren soll zu weichen und zu räumen.

Mich wundert, warum Hanns Weiß den Psalm [*Der 117. Psalm ausgelegt*] nicht angenommen hat. Ich hätte nicht gemeint, dass er so schwierig wäre, ist es doch ein köstliches Exemplar. Ich schicke ihn hier ganz und gönne ihn Georg Rhau. Gefällt das Exemplar von den Schlüsseln Herrn Johann Pomer und Cruziger, so lass es immerhin drucken. Es taugt doch nichts, dass man den Teufel feiert. Wer hat Dir gesagt, dass ich krank sei. Es wundert mich sehr. Denn Du hast ja die Bücher vor Augen, die ich schreibe. So habe ich doch die Propheten alle abgeschlossen, ohne Hesekiel, an dem ich arbeite, und am Sermon vom Sakrament, außer über welche Briefe und anderes mehr ich sonst noch schreiben könnte.

Ich kann jetzt nicht mehr eilends schreiben. Grüße alle und alles! Ich habe ein großes, schönes Buch vom Zucker für Hans Luther. Das hat Cyriacus [Kaufmann] von Nürnberg mitgebracht aus dem schönen Garten. Hiermit Gott befohlen und betet! Martinus Luther.[110]

Veste Coburg, 24. September 1530

Zu Händen Frau Katharina Doktor Luther zu Wittenberg. Gnade und Friede in Christus! Meine liebe Käthe! Gestern habe ich Dir geschrieben und einen Brief meines gnädigsten Herrn mitgeschickt, daraus du vernehmen kannst, wie die Unseren zu Augsburg aufbrechen wollen. Demnach hoffe ich (wenn Gott Gnade gibt), wollen wir in 14 Tagen bei Euch daheim sein. Obwohl ich glaube, unsere Sache werde nicht ganz unverdammt bleiben. Darauf kommt es auch nicht an. Sie wollen die Mönche und Nonnen wieder in die Klöster haben. Doch hat Riedesel hierher geschrieben, er hoffe, dass man zu Augsburg werde scheiden mit Frieden in allen Gassen. Das gebe Gott. Und es wäre eine große Gnade. Das bedürften wir alle sehr, weil uns der Türke bedroht. Weiteres wirst Du wohl von Hornung hören. Hiermit seid alle Gott befohlen. Amen. Sonnabends nach Matthei 1530. Martinus Luther.[111]

Am 27. Februar 1532 reist Luther nach Torgau, um dem Kurfürsten beizustehen, der an einem schweren Fußbrand leidet.

Torgau, 27. Februar 1532

Meiner herzlieben Hausfrau, Katharina Luther, zu eigenen Händen.

Gott zum Gruß in Christus! Meine herzliebe Käthe! Ich hoffe, sofern Doktor Brück wird Urlaub kriegen, wie er mich vertröstet, so will ich mit ihm kommen morgen oder übermorgen. Bitte Gott, dass er uns frisch und gesund heimbringt! Ich schlafe überaus wohl, etwa sechs oder sieben Stunden nacheinander und danach zwei oder drei Stunden. Es ist des Bieres Schuld, wie ich glaube. Aber nüchtern bin ich, wie zu Wittenberg.

Doktor Caspar [Lindemann] sagt, dass der Fuß unseres gnädigen Herrn nicht weiterfresse. Aber solche Marter leidet kein Dobitzsch noch Gefangener auf der Leiter im Turm von Hans Stockmeister, wie Seine Fürstlichen Gnaden leiden muss von den Wundärzten. Seine Fürstlichen Gnaden sind so gesund am ganzen Leibe wie ein Fisch. Aber der Teufel hat ihm in den Fuß gebissen und gestochen. Betet, betet weiter! Ich hoffe, Gott soll uns erhören, wie er angefangen hat. Denn Doktor Caspar hält auch dafür, es müsse Gott hier helfen.

Weil Johannes [Rischmann] wegzieht, so erfordert es die Notwendigkeit und Ehre, dass ich ihn anständig von mir kommen lasse. Denn du weißt, dass er treu und fleißig gedient und sich wahrlich dem Evangelium nach demütig gehalten und alles getan und gelitten hat. Darum denke Du daran, wie oft wir bösen Buben und undankbaren Schülern gegeben haben, da alles umsonst gewesen ist. So streng Dich nun hier an und lasse es einem solchen frommen Gesellen auch nichts mangeln, da Du weißt, dass es wohl angelegt und Gott gefällig ist. Ich weiß wohl, dass wenig da ist. Ich gäbe ihm gern zehn Gulden, wenn ich sie hätte, aber unter fünf Gulden solltest Du ihm nicht geben, weil er zum Abschied nicht neu gekleidet ist. Was Du darüber hinaus kannst geben, das tue. Darum bitte ich Dich. Es könnte zwar der Armenkasten mir zu Ehren einem solchen meiner Diener wohl etwas schenken, da ich meine Diener auf meine Kosten zu ihrer Kirchen Dienst und Nutzen halten muss, aber wie sie wollen. Lass Du es ja an nichts fehlen, solange ein Becher da ist. Überlege, wo Du es herkriegst. Gott wird wohl anderes geben, das weiß ich. Hiermit Gott befohlen. Amen.

Und sagt dem Pfarrherrn von Zwickau [Nikolaus Haus-
mann], dass er sich ja wollt gefallen lassen die Herberge und
damit vorlieb nehmen. Wenn ich komme, will ich erzählen,
wie Mühlpfort und ich bei dem Riedesel zu Gast gewesen
und Mühlpfort mir viel Weisheit erzeigt hat. Aber ich war
nicht betrunken nach solchem Trank. Küsst den jungen
Hans von mir und heißt Hänschen, Lenchen und Muhme
Lene für den lieben Fürsten und für mich beten. Ich kann
in dieser Stadt, wiewohl jetzt Jahrmarkt ist, nichts zum
Kaufen für die Kinder finden. Wenn ich nichts Besonderes
finde, so schaffe mir etwas Vorrat [an Geschenken].
D. Martinus Luther.[112]

Am 3. Juni 1534 reist Luther für einige Tage nach
Dessau, um den schwermütigen Joachim von Anhalt
zu besuchen und zu trösten. Im Juli hält sich Luther
zweimal mehrere Tage in Dessau auf.

Dessau, 29. Juli 1534

Meinem freundlichen, lieben Herrn, Frau Katharina von
Bora, D. Lutherin zu Wittenberg.
   Gnade und Friede in Christus! Lieber Herr Käthe! Ich
weiß Dir nichts zu schreiben, weil Magister Philippus mit
den anderen selbst heimkommt. Ich muss länger hier bleiben um des frommen Fürsten [Joachim von Anhalt] willen.
Du magst denken, wie lange ich hier bleiben werde, oder
wie du mich frei machst. Ich denke, Magister Franciscus
[Franz Burkhard] wird mich wieder losmachen, wie ich ihn
losgemacht habe, doch nicht so bald. Gestern hatte ich einen bösen Trunk gefasst. Da musste ich singen: »Trink ich
nicht wohl, das ist mir leid, und tät es so recht gerne«. Und
dachte, wie gut Wein und Bier habe ich daheim, dazu eine

schöne Frau oder (sollte ich sagen) Herrn. Und Du tätest gut, wenn Du mir herüberschicktest den ganzen Keller voll meines Weines und eine Flasche von Deinem Bier, sobald Du es kannst. Sonst komme ich vor dem neuen Bier nicht wieder. Hiermit Gott befohlen samt unseren Kindern und allem Gesinde. Amen. Mittwoch nach Jacobi 1534. Dein Liebchen Martin Luther.[113]

Am 31. Januar 1537 reist Luther nach Schmalkalden und trifft dort am 7. Februar ein. Die von Luther verfassten »Schmalkaldischen Artikel« sollen auf dem Bundestag als Bekenntnis unterzeichnet werden. Wegen seines heftigen Blasenleidens lässt ihn der Kurfürst am 26. Februar nach Hause bringen, damit er nicht in der Fremde sterbe.

Tambach, 27. Februar, 3 Uhr früh, 1537

Gnade und Frieden in Christus! Du musst derweil besondere Pferde zu Deinem Bedarf mieten, liebe Käthe. Denn mein gnädiger Herr wird Deine Pferde behalten und mit Magister Philipp heimschicken. Denn ich selber bin gestern von Schmalkalden aufgebrochen und fuhr auf meines gnädigen Herrn eigenem Wagen. Die Ursache ist, dass ich hier nicht mehr als drei Tage gesund gewesen bin und bis auf diese Nacht vom vorigen Sonntag an kein Tröpfchen Wasser von mir gekommen ist. Ich habe nicht geruht noch geschlafen, kein Trinken noch Essen behalten können. Summa, ich bin tot gewesen und habe Dich mit den Kindern Gott befohlen und meinem gnädigen Herrn, als würde ich Euch in dieser Sterblichkeit nimmermehr sehen. Es hat mich Euer sehr erbarmt, aber ich hatte mich dem Grab beschieden. Nun hat man so fest für mich zu Gott gebetet, dass vieler Leute Tränen vermocht haben, dass mir Gott diese Nacht der Blasen Gang geöffnet hat und in zwei Stunden wohl mehrere Liter von mir gegangen sind. Und mich dünkt, ich sei wieder von Neuem geboren.

Darum danke Gott und lass die lieben Kinder mit Muhme Lene dem rechten Vater danken. Denn ihr hättet diesen Vater gewisslich verloren. Der fromme Fürst hat lassen laufen, reiten, holen und mit allem Vermögen sein Höchstes versucht, dass mir geholfen werden möchte. Aber es hat nicht sein wollen. Deine Kunst mit dem Mist [ein Getränk aus Pferdeäpfeln und Knoblauch] hilft mir auch nicht. Gott hat diese Nacht Wunder an mir getan und tut es noch durch frommer Leute Fürbitte.

Solches schreibe ich Dir deshalb, weil ich glaube, dass mein gnädigster Herr dem Landvogt [Hans Metzsch] befohlen hat, Dich mir entgegenzuschicken, falls ich unterwegs stürbe, dass Du zuvor mit mir reden oder mich sehen möchtest. Das ist nun nicht nötig und Du kannst wohl daheim bleiben, weil mir Gott so reichlich geholfen hat, dass ich hoffe, fröhlich zu dir zu kommen. Heute werden wir in Gotha übernachten. Ich habe viermal geschrieben. Und es wundert mich, dass nichts zu Euch gekommen ist. Dienstags nach Reminiscere, 1537. Martinus Luther.[114]

Auf Grund der Aufforderung von Kurfürst Johann Friedrich vom 16. Juni reist Luther nach Weimar und hält sich dort vom 23. Juni bis zum 7. Juli 1540 auf.

Weimar, 2. Juli 1540

Meiner herzlieben Käthe, Doktorin Luther, Frau auf dem neuen Saumarkt zu Händen.

Gnade und Friede! Liebe Jungfrau Käthe, gnädige Frau von Zulsdorf (und wie Euer Gnaden mehr heißt)! Ich lasse Euch und Euer Gnaden untertänigst wissen, dass es mir hier gut geht. Ich fresse wie ein Böhme und saufe wie ein Deutscher. Dafür sei Gott gedankt, Amen. Das kommt daher, dass Magister Philippus wahrlich tot gewesen und recht wie Lazarus vom Tod auferstanden ist. Gott, der liebe Vater, erhört unser Gebet. Das sehen und greifen wir, nur dass wir es dennoch nicht glauben. Da sage niemand Amen zu unserm schändlichen Unglauben.

Ich habe dem Pfarrherrn Pomer geschrieben, dass der Graf zu Schwarzburg einen Pfarrer gen Geußen erbittet. Da magst Du auch als eine kluge Frau und Doktorin mit Magister Georg Major und Magister Ambrosius [Berndt] helfen zu raten, welcher unter den dreien, die ich dem Pomer angezeigt habe, sich bereden lassen will. Es ist keine schlechte Pfarre, doch seid Ihr klug und macht es besser. Hier zu Arnstadt hat der Pfarrer von einem Mädchen einen Teufel auf christliche Weise ausgetrieben. Davon wollen wir sagen, will es Gott, der noch lebt, und soll es dem Teufel leid sein.

Ich habe die Briefe der Kinder, auch den des Baccalaureus (der kein Kind ist) gekriegt, aber von Euer Gnaden habe ich nichts gekriegt. Ihr solltet jetzt auf das vierte Schreiben, so Gott will, einmal mit Eurer gnädigen Hand antworten.

Ich schicke hier mit Magister Paul [Eber] den silbernen Apfel, den mir mein gnädiger Herr geschenkt hat. Den magst Du, wie ich zuvor gesagt habe, unter den Kinder teilen und fragen, wie viele Kirschen und Äpfel sie dafür nehmen wollen. Die bezahle ihnen bar, und behalte Du den Stiel davon.

Sage unsern lieben Kostgängern, besonders Doktor Severus oder Schiefer, mein freundliches Herz und guten

Willen, und dass sie helfen in allen Sachen der Kirche, Schule, Haus, und wo es nötig ist, auch Magister Georg Major und Magister Ambrosius [Berndt], dass sie Dir zu Hause tröstlich seien. So Gott will, wollen wir bis Sonntag tätig sein, dann von Weimar nach Eisenach ziehen, und Philippus mit.

Hiermit Gott befohlen. Sage Lycaoni nostro [Wolf Sieberger], dass er die Maulbeeren nicht versäume. Es sei denn, er verschläft sie. Das wird er nicht tun, es sei denn, er vergesse es. Und den Wein soll er auch rechtzeitig abziehen. Seid fröhlich alle und betet. Amen. Martinus Luther dein Herzliebchen.[115]

> Luther hält sich vom 7. bis 27. Juli 1540 zu Besprechungen über die Doppelehe von Landgraf Philipp von Hessen in Eisenach auf.

Eisenach, 10. Juli 1540

Frau Katharina Luther zu Wittenberg, meiner lieben Hausfrau.

Gnade und Friede! Liebe Jungfer Käthe! Ich schicke Dir hier durch den Fuhrmann Doktor Blickards den mit A signierten Beutel mit 42 Talern, den Sold auf Michaelis, dazu die 40 Gulden Georg Schnells. Das magst Du brauchen, bis wir kommen. [...] Nichts Neues, außer dass auch hier in diesem Land der Teufel auch tobt mit schrecklichen Exempeln seiner Bosheit und die Leute treibt zu Mordbrand, Eigenmord. Sie werden auch flugs dabei gefangen und gerichtet. Damit ermahnt uns Gott zu glauben, zu fürchten und zu beten. Denn es ist Gottes Strafe für die Undankbarkeit und Verachtung seines lieben Wortes. Magister Philippus kommt wieder zum Leben aus dem Grabe, sieht noch schrecklich aus, leberfarben bleich. Aber scherzt und lacht wieder mit uns und isst und trinkt wie zuvor. Gott sei Lob! Und dankt Ihr auch mit uns dem lieben Vater im Himmel, der die Toten auferweckt und allein alle Gnade und Gutes gibt, gelobt in Ewigkeit. Amen.

Betet aber mit Fleiß, wie Ihr schuldig seid unserem Herrn Christus. Das ist für uns alle, die an ihn glauben, wider den Schwarm der Teufel, die jetzt zu Hagenau toben und sich auflehnen wider den Herrn und seinen Gesalbten und wollen ihre Bande zerreißen, wie der zweite Psalm spricht, auf dass Gott im Himmel ihrer spotte, auch zuletzt sie zerschmettere wie eines Töpfers Gefäß. Amen.

Was aber daselbst geschieht, wissen wir noch nicht, nur dass man annimmt, sie werden uns sagen: »Tu das und das, oder wir wollen euch fressen.« Denn sie haben es böse im Sinn.

Sage auch Doktor Schiefer, dass ich nichts mehr von Ferdinandus [Ferdinand von Österreich] halte. Er geht zu Grunde. Doch habe ich Sorge, wie ich oft vorausgesagt habe, der Papst könnte den Türken über uns führen, da Ferdinandus nicht hart wehren würde, wie er einmal auch seltsame Worte gesagt haben soll. Denn der Papst singt bereits: »Kann ich den Himmel nicht beugen, so hetze ich die Hölle in Aufruhr«. Kann er den Kaiser nicht über uns treiben, so wird er es mit dem Türken versuchen. Will er Christus nicht weichen, so schlage auch Christus darein, in Türken, Papst und Teufel, und beweise, dass er der rechte, einzige Herr ist, vom Vater zur Rechten gesetzt. Amen. Amsdorf ist auch noch hier bei uns. Hiermit Gott befohlen. Amen. Sonnabends nach Kiliani 1540, Martin Luther. Das Lohn- und Trinkgeld wirst Du dem Fuhrmann Wolf geben. Ich bedenke, wie du die Fenster im neuen Dache machen lässt. Denn ich habe es vergessen, als ich wegzog.

Es sollen nur zwei gegenüber dem Kollegium sein, zwischen beiden Feuermauern, und oben im First keins gegenüber dem Kollegium, und drei kleine, mit aufrecht stehenden Ziegelsteinen gegenüber der Küche.[116]

Eisenach, 16. Juli 1540

Meiner gnädigen Jungfer Katharina Luther von Bora und Zulsdorf zu Wittenberg, meinem Liebchen.

Gnade und Friede! Mein liebe Jungfer und Frau Käthe! Euer Gnaden sollen wissen, dass wir hier, Gott lob, frisch und gesund sind, fressen wie die Böhmen (doch nicht sehr), saufen wie die Deutschen (doch nicht viel), sind aber fröhlich. Denn unser gnädiger Herr von Magdeburg, Bischof Amsdorf, ist unser Tischgenosse.

Mehr neue Zeitungen wissen wir nicht, außer dass Doktor Caspar [Cruciger], Mecum und Menius haben sich unterwegs wohl pflegen lassen und sind von Hagenau nach Straßburg spazieren gezogen, Hans von Jena zu Dienst und Ehren. Magister Philippus ist wieder gesund geworden. Gott Lob. Sage meinem lieben Doktor Schiefer, dass sein König Ferdinand ein Geschrei anstellt, als wolle er den Türken zum Gevatter bitten über die evangelischen Fürsten. Ich hoffe nicht, dass es wahr ist, sonst wäre es zu grob. Schreibe mir auch einmal, ob Du alles bekommen hast, was ich dir gesandt habe, neulich 90 Gulden durch Wolf Fuhrmann. Hiermit Gott befohlen, Amen. Und lass die Kinder beten. Es ist hier eine solche Hitze und Dürre, dass es unsäglich und unerträglich ist Tag und Nacht. Komm, lieber Jüngster Tag. Amen. Freitags nach Margarethen 1540.

Der Bischof von Magdeburg lässt Dich freundlich grüßen. Dein Liebchen Martinus Luther.[117]

Der reichen Frau zu Zulsdorf, Frau Doktorin Katharina Luther zu Wittenberg leiblich wohnhaft, und zu Zulsdorf geistlich wandelnd, meinem Liebchen zu Händen.

Falls abwesend dem Doktor Pomeran Pfarrer aufzubrechen und zu lesen.

[...] wollen schaffen, dass wir einen guten Trunk Biers bei Euch finden. Denn, so Gott will, morgen, dienstags wollen wir aufbrechen nach Wittenberg.

Es ist mit dem Reichstag zu Hagenau ein Dreck, ist Mühe und Arbeit verloren und Unkosten vergeblich. Doch wenn wir schon nichts ausgerichtet, so haben wir doch Magister Philippus wieder aus der Hölle geholt und wollen ihn aus dem Grab wieder fröhlich heimbringen, so Gott will und mit seiner Gnade. Amen.

Es ist der Teufel draußen selber mit neuen bösen Teufeln besessen, brennt und tut Schaden, dass es schrecklich ist. Meinem gnädigsten Herrn sind im Thüringer Wald mehr als 1000 Acker Holz abgebrannt und brennen noch. Dazu hört man, dass der Wald bei Werda auch angebrannt sei und an vielen Orten mehr. Da hilft kein Löschen. Es wird teures Holz werden.

Betet und lasst beten wider den leidigen Satan, der uns nicht allein an Seele und Leib sucht, sondern auch an Gut und Ehre aufs Allerheftigste. Christus unser Herr wolle vom Himmel kommen und auch ein Feuer dem Teufel und seinen Gesellen aufblasen, das er nicht löschen könnte. Amen.

Ich bin nicht sicher gewesen, ob Dich diese Briefe in Wittenberg oder in Zulsdorf erreichen würden. Sonst würde ich von mehr Dingen berichtet haben. Hiermit Gott befohlen, Amen. Grüße unsere Kinder, Kostgänger und alle. Montags nach Jakobi 1540. Dein Liebchen M. Luther.[118]

Am 18. September 1540 schickt Luther Katharina, die sich in Zulsdorf aufhält, einen Boten mit der dringenden Nachricht, dass sie wegen der Türkengefahr schnell nach Wittenberg zurückkehren soll.

Wittenberg, 18. September 1541

Meiner lieben Hausfrau Käthe Luther von Bora zu Händen.

Gnade und Friede! Liebe Käthe! Ich lasse hiermit Urban zu Dir laufen, damit Du nicht erschrecken sollst, wenn ein Geschrei vom Türken zu Dir kommen sollte. Und mich wundert, dass Du so gar nichts hierher schreibst oder entbietest, obwohl Du weißt, dass wir hier nicht ohne Sorge um Euch sind, weil viele vom Adel in Meißen uns sehr feind sind. Verkaufe und bestelle, was du kannst, und komme heim. Denn wie es mir scheint, will es Dreck regnen, und Gott will unsere Sünde heimsuchen durch seines Zornes Ruten. Hiermit Gott befohlen. Amen. Luther.[119]

Von Wittenberg über Löbnitz an der Mulde und Leipzig reist Luther nach Zeitz und schreibt am 28. Juli 1545 an Katharina, dass er nicht mehr nach Wittenberg zurückkehren will. Sie soll alles verkaufen und nach Zulsdorf umsiedeln, da Luther erwartet, dass sich nach seinem Tod alle zusammentun und seine Frau aus Wittenberg vertreiben werden. Den Brief gibt er Cruciger und seinem Tischgenossen Ferdinand von Maugis mit, die ihn mündlich ergänzen sollen. Die in Wittenberg herrschende Zuchtlosigkeit veranlasst Luther zu dieser Entscheidung. Auch gibt es Ärger wegen der Magd Rosina, die sich unter falschem Namen bei Luther eingeschlichen hat. Am 29. Januar 1544 schreibt Luther an Johann Göritz, Stadtrichter in Leipzig, dass er auf die in Leipzig weilende »Rosina von Truchsess« aufpassen, sie verhören und ausweisen soll. Denn sie sei eine »unverschämte Lügnerin«, die zu Luther mit diesem falschen Namen als arme Nonne gekommen sei und »hinter mir allerlei Büberei und Hurerei, auch in meinem Hause« getrieben habe. »Zuletzt hat sie etliche an sich gezogen und ist von dem einen schwanger geworden und hat meine Magd gebeten, sie sollte ihr auf den Leib springen, die Frucht zu töten. Ist mir also durch meiner Käthen Barmherzigkeit entkommen, sonst sollte sie mir keinen Menschen mehr betrogen haben, die Elbe hätte denn nicht Wasser gehabt.« Der Stadtrichter soll »den verfluchten Hurenbalg, die verlogene diebische Schälkin, dem Evangelium zu Ehren und mir auch zu Dienst« verhören und wegen ihrer »teuflischen Büberei, Dieberei, Betrügerei« ausweisen.

Luthers Entscheidung löst bei allen, die davon erfahren, Erschrecken aus. Nur mit Mühe gelingt es, ihn von seinem Plan abzubringen. Kurfürst Johann Friedrich schreibt am 5. August 1545 an Luther und beauftragt den Überbringer des Briefes, seinen Leibarzt Ratzeberger, Luther von seinem Plan abbringen. Er verspricht, gegen die Missstände einzuschreiten. Nach einem Gespräch mit dem Kurfürsten auf dem Torgauer Schloss am 17. August kehrt Luther nach Wittenberg zurück.

Zeitz, 28. Juli 1545

Meiner freundlichen, lieben Hausfrau Katharina Luther von Bora, Predigerin, Brauerin, Gärtnerin, und was sie mehr sein mag.

Gnade und Friede! Liebe Käthe, wie unsere Reise verlaufen ist, wird Dir Hans alles wohl berichten, obwohl ich noch nicht sicher bin, ob er bei mir bleibt. Dann werden es Doktor Caspar Cruciger und Ferdinandus sagen. Ernst von Schönfeld hat uns zu Löbnitz gut gehalten, noch viel schöner Heinz Scherl zu Leipzig.

Ich wollte es gern so halten, dass ich nicht wieder nach Wittenberg zu kommen brauche. Mein Herz ist erkaltet, dass ich nicht mehr gern dort bin. Ich möchte auch, dass Du Garten, Haus und Hof verkaufst. Ebenso will ich meinem gnädigsten Herrn das große Haus wieder schenken. Es wäre Dein Bestes, dass Du nach Zulsdorf übersiedelst, solange ich noch lebe. Ich könnte Dir mit der Besoldung wohl helfen, das kleine Gut zu verbessern. Denn ich hoffe, mein gnädigster Herr wird mir die Besoldung wenigstens für das letzte Jahr meines Lebens zukommen lassen. Nach meinem Tod werden Dich die vier Elemente zu Wittenberg doch nicht wohl leiden. Darum wäre es besser zu meinen Lebzeiten getan, was denn zu tun sein will. Vielleicht wird Wittenberg, wie es sich anlässt, mit seinem Regiment, nicht St. Veits Tanz [Tanz mit Nervenzuckungen im Gesicht und in den Gliedmaßen] noch St. Johanns Tanz [Tanz um das Johannisfeuer], sondern den Bettlertanz oder Beelzebubs Tanz kriegen, wie sie angefangen haben, die Frauen und Jungfrauen hinten und vorn zu entblößen [die von Geistlichkeit und Magistrat bekämpften neuen Drehtänze], und niemand ist, der da strafe oder wehre, und dazu wird Gottes Wort verspottet. Nur weg aus diesem Sodom!

Ist Lecks Bachenscheiße, unsere Rosina und der deceptor [Verführer] noch nicht gefangen gesetzt, so hilf, wie Du kannst, dass der Bösewicht sich bescheißen muss [sich betrogen fühlt]. Ich habe auf dem Land mehr gehört, als ich zu Wittenberg erfahre. Darum bin ich der Stadt müde und will nicht wiederkommen, wozu mir Gott helfe.

Übermorgen werde ich nach Merseburg fahren. Denn Fürst Georg hat mich sehr darum bitten lassen. Ich will also umherschweifen und lieber das Bettelbrot essen, bevor ich meine armen, alten, letzten Tage mit dem unordentlichen Leben zu Wittenberg martern und beunruhigen will, unter Verlust meiner sauren, teuren Mühe. Du kannst das (wenn Du willst) Doktor Pomer und Magister Philippus wissen lassen und fragen, ob Doktor Pomer hiermit Wittenberg in meinem Namen Lebewohl sagen will. Denn ich kann Zorn und Unlust nicht länger leiden. Hiermit Gott befohlen. Amen. Dienstag, Knoblochstag 1545. Martinus Luther.[120]

Am 23. Januar 1546 reist Luther nach Eisleben, um die Streitigkeiten zwischen den Mansfelder Grafen zu schlichten. Von Halle aus berichtet er seiner Frau über die Reise und von Eisleben aus über die Verhandlungen.

Halle, 25. Januar 1546

Meiner freundlichen, lieben Käthe Luther, Brauerin und Richterin auf dem Saumarkt zu Wittenberg zu Händen. Gnade und Friede im Herrn! Liebe Käthe! Wir sind heute um acht aus Halle abgefahren, aber nicht nach Eisleben gekommen, sondern um neun wieder in Halle eingezogen. Denn es begegnete uns eine große Wiedertäuferin mit Wasserwogen und großen Eisschollen und bedrohte uns mit der Wiedertaufe und hat das Land bedeckt. Doch können wir auch nicht zurück wegen der Mulde nach Bitterfeld und müssen hier zu Halle zwischen den Wassern gefangen liegen. Nicht dass uns danach dürstet zu trinken. Wir nehmen dafür gutes Torgauer Bier und gut rheinischen Wein, damit laben und trösten wir uns solange, bis die Saale heute auszürnen wird. Denn weil die Leute und Fährmeister selbst kleinmütig waren, haben wir uns nicht wollen ins Wasser begeben und Gott versuchen. Denn der Teufel ist uns gram und wohnt im Wasser. Es ist besser, sich vorzusehen als sich nachher zu beklagen, und es ist nicht nötig, dass wir dem Papst samt seinem Anhang eine Narrenfreude machen sollten. Ich hätte nicht gedacht, dass die Saale eine solche Überschwemmung anrichten könnte, dass sie über die Steine weg und alles so rumpeln sollte.

Jetzt nichts weiter. Betet für uns und seid fromm. Ich glaube, wärest Du hier gewesen, so hättest Du uns auch geraten, es so zu tun. [Das schreibe ich], damit du siehst, dass wir auch einmal Deinem Rat folgen. Hiermit Gott befohlen. Amen. An St. Paulus Bekehrungstag, da wir auch uns von der Saale nach Halle wendeten. 1546. Martinus Luther.[121]

Nach relativ judenfreundlichen Äußerungen in der frühen Zeit (1515-1523) verschärft sich Luthers Antijudaismus, seine theologisch motivierte Auseinandersetzung mit den Juden und dem Judentum, in der späten Lebensphase (1538-1546) in einer erschreckenden Weise, insbesondere in den antijüdischen Schriften » *Von den Juden und ihren Lügen* « (WA 53,417-552) und » *Von Schem Hamphoras und vom Geschlecht Christi* « (WA 53,579-648), auf die das Sandsteinrelief am Tor der Kirche St. Marien in Wittenberg (» Judensau «) verweist.[122]

In den Briefen an Katharina vom 1. und 7. Februar 1546 spricht Luther nicht nur seine judenfeindlichen

Ansichten aus, sondern auch seinen Wunsch, dass die Juden aus seiner mansfeldischen Heimat vertrieben werden. Wenn die Verhandlungen wegen der Erbstreitigkeiten der Grafen abgeschlossen sind, will er sich öffentlich dafür einsetzen. Luthers letzte Predigt in Eisleben am 14. Februar 1546 endet mit einer » *Vermahnung wider die Juden* « (WA 51,195f.) und der Alternative: Bekehrung oder Vertreibung.

Eisleben, 1. Februar 1546

Meiner herzlieben Hausfrau, Katharina Luther, Doktorin, Zulsdorferin, Saumarkterin, und was sie mehr sein kann. Gnade und Frieden in Christus, und meine alte, arme Liebe, und wie E.G. weiß, unkräftige, zuvor. Liebe Käthe. Ich bin schwach gewesen auf dem Weg kurz vor Eisleben. Das war meine Schuld. Aber wenn Du da gewesen wärest, so hättest Du gesagt, es wäre der Juden oder ihres Gottes Schuld gewesen. Denn wir mussten durch ein Dorf kurz vor Eisleben, darinnen viele Juden wohnen. Vielleicht haben sie mich so hart angeblasen. So sind hier in der Stadt Eisleben jetzt zurzeit mehr als 50 Juden wohnhaft. Und wahr ist, als ich bei dem Dorf war, ging mir ein solch kalter Wind hinten zum Wagen herein auf meinen Kopf, durch das Barett, als wollte er mir das Hirn zu Eis machen. Solches mag mir zum Schwindel etwas verholfen haben. Aber jetzt bin ich, Gott Lob, wohlauf, nur dass die schönen Frauen mich so hart anfechten, dass ich weder Sorge noch Furcht habe für alle Unkeuschheit.

Wenn die Hauptsachen geschlichtet worden sind, muss ich mich daran machen, die Juden zu vertreiben, Graf Albrecht ist ihnen feind und hat sie schon preisgegeben [für vogelfrei erklärt]. Aber noch tut ihnen niemand etwas. Will es Gott, so werde ich auf der Kanzel Graf Albrecht helfen und sie auch preisgeben.

Ich trinke Naumburgisches Bier, fast des Geschmacks, den du am Mansfelder mir einst gelobt hast. Es gefällt mir gut, macht mir morgens etwa drei Stuhlgänge in drei Stunden. Deine Söhne sind vorgestern nach Mansfeld gefahren, weil sie Hans von Jena so freundlich gebeten hatte. Ich weiß nicht, was sie da machen. Wenn es kalt wäre, dann würden sie frieren. Nun da es warm ist, können sie wohl was anderes tun oder erleiden, wie es ihnen gefällt. Hiermit Gott befohlen samt dem ganzen Haus, und grüße alle Tischgesellen. Vigilia purificationes [Am Tage von Maria Reinigung] 1546. M. Luther, Dein altes Liebchen.[123]

Eisleben, 6. Februar 1546

Der tief gelehrten Frau Katharina Luther, meiner gnädigen Hausfrau zu Wittenberg.

Gnade und Friede! Liebe Käthe! Wir sitzen hier und lassen uns martern und wären wohl gern auf und davon, aber es kann noch nicht sein (wie mich dünkt) vor acht Tagen. Magister Philippus kannst Du sagen, dass er seine Postille korrigiere. Denn er hat nicht verstanden, warum der Herr im Evangelium die Reichtümer Dornen nennt. Hier ist die Schule, da man solches verstehen lernt. Aber mir graut, dass allewege in der Schrift den Dornen das Feuer angedroht wird. Darum habe ich desto größere Geduld, dass ich mit Gottes Hilfe etwas Gutes ausrichten möchte. Deine Söhne sind noch in Mansfeld. Sonst haben wir zu fressen und zu saufen genug und hätten gute Tage, wenn der verdrießliche Handel nicht wäre. Mich dünkt, der Teufel spottet unser. Gott wolle ihn wieder verspotten. Amen. Bittet für uns. Der Bote eilt sehr. Am St. Dorotheentag 1546. Martinus Luther.[124]

Eisleben, 7. *Februar 1546*

Meiner lieben Hausfrau Katharina Luther, Doktorin, Saumarkterin zu Wittenberg, meiner gnädigen Frau zu Händen und Füßen.

Gnade und Friede im Herrn! Lies Du, liebe Käthe, das Johannesevangelium und den kleinen Katechismus, von dem Du einmal sagtest: Es ist doch alles in dem Buch zu mir gesagt. Denn Du willst sorgen für Deinen Gott, gerade als wäre er nicht allmächtig, der da könnte zehn Doktor Martinus erschaffen, wenn der eine alte ersöffe in der Saale oder im Ofenloch oder auf Wolfs [Siebergers] Vogelherd. Lass mich zufrieden mit Deiner Sorge. Ich habe einen besseren Sorger, als Du und alle Engel sind. Der liegt in der Krippe und hängt an einer Jungfrau Brust, sitzt aber gleichwohl zur rechten Hand Gottes des allmächtigen Vaters. Darum sei ohne Sorge, Amen.

Ich denke, die Hölle und ganze Welt müsste jetzt leer sein von allen Teufeln, die vielleicht alle um meinetwillen hier zu Eisleben zusammengekommen sind. So fest und hart steht die Sache. So sind auch hier Juden etwa 50 in einem Haus, wie ich dir zuvor geschrieben. Jetzt sagt man, dass zu Rißdorf, kurz vor Eisleben gelegen, wo ich krank war beim Einfahren, sollen aus- und einreiten und -gehen etwa 400 Juden. Graf Albrecht, der das ganze Gebiet um Eisleben beherrscht, hat die Juden, die auf seinem Eigentum ergriffen werden, preisgegeben. Doch will ihnen niemand etwas tun. Die Gräfin zu Mansfeld, Witwe von Solms, wird geachtet als der Juden Schützerin. Ich weiß nicht, ob es wahr ist. Aber ich habe mich heute lassen hören – wo man merken wollte, was meine Meinung ist – grob genug, wenn es sonst helfen soll.

Betet, betet, betet und helft uns, dass wir es gut machen. Denn ich war heute willens, den Wagen zu schmieren *in ira mea* [in meinem Zorn abzureisen]. Aber der Jammer, der mich überfiel wegen meinem Vaterland, hat mich gehalten. Ich bin nun auch ein Jurist geworden, aber es wird ihnen nicht gedeihen. Es wäre besser, sie ließen mich einen Theologen bleiben. Komme ich unter sie, wenn ich am Leben bleibe, möchte ich ein Poltergeist werden, der ihren Stolz durch Gottes Gnade hemmen möchte. Sie stellen sich, als wären sie Gott. Davon sollten sie wohl und billig rechtzeitig abtreten, ehe denn ihre Gottheit zur Teufelheit werde, wie Luzifer geschah, der doch im Himmel wegen der Hoffart nicht bleiben konnte. Wohlan, Gottes Wille geschehe.

Du sollst Magister Philippus diesen Brief lesen lassen. Denn ich hatte keine Zeit, ihm zu schreiben. Damit kannst Du Dich trösten, dass ich Dich gern lieb hätte, wenn ich könnte, wie du weißt und er gegenüber seiner Frau vielleicht auch weiß und alles wohl versteht.

Wir leben hier wohl, und der Rat schenkt mir zu jeder Mahlzeit ein halb Stübchen Reinfal [einen halben Liter von dem im Mittelalter beliebten Wein aus Italien]. Der ist sehr gut. Bisweilen trinke ich ihn mit meinen Gesellen. So ist der Landwein hier gut und das Naumburger Bier sehr gut. Ich glaube nur, es macht mir die Brust voll *phlegmata* [Schleim] mit seinem Pech. Der Teufel hat uns das Bier in aller Welt mit Pech verdorben und bei Euch den Wein mit Schwefel. Aber hier ist der Wein rein, freilich nur, was des Landes Art ist.

Und wisse, dass alle Briefe, die Du geschrieben hast, hier angekommen sind. Heute ist der gekommen, den Du am letzten Freitag geschrieben hast, mit Magister Philipps Briefen, damit du nicht irrst. Am Sonntag nach Dorotheens Tag 1546. Dein Liebchen Martin Luther.[125]

Eisleben, 10. Februar 1546

Der heiligen, besorgten Frau Katharina Luther, Doktorin, Zulsdorferin zu Wittenberg, meiner gnädigen lieben Hausfrau.

Gnade und Friede in Christus! Allerheiligste Frau Doktorin! Wir danken Euch ganz freundlich für Eure große Sorge, wegen der ihr nicht schlafen könnt. Denn seit der Zeit, da ihr um uns gesorgt habt, wollte uns das Feuer in unserer Herberge hart vor meiner Stubentür verzehrt haben. Und gestern, ohne Zweifel aus Kraft Eurer Sorge, wäre uns beinahe ein Stein auf den Kopf gefallen und hätte uns zerquetscht wie in einer Mausefalle. Denn es rieselte in unserem heimlichen Gemach [Toilette] Kalk und Lehm wohl zwei Tage über unserem Kopf, bis wir Leute dazu nahmen, die den Stein anrührten mit zwei Fingern. Da fiel er herab, so groß wie ein langes Kissen und eine große Hand breit. Der hatte im Sinn, Eurer heiligen Sorge zu danken, wenn die lieben Engel nicht gehütet hätten. Ich sorge, wenn du nicht aufhörst zu sorgen, könnten uns zuletzt die Erde verschlingen und alle Elemente verfolgen. Lernst Du so den Katechismus und das Glaubensbekenntnis? Bete Du, und lasse Gott sorgen. Dir ist nicht befohlen, für mich oder Dich zu sorgen. Es heißt: »Wirf dein Anliegen auf den Herrn, der sorget für dich« Psalm 55,23 und an vielen Stellen mehr.

Wir sind, Gott Lob, frisch und gesund. Nur dass uns die Verhandlungen Unlust machen und dass Jonas einen bösen Schenkel hat, da er sich zufällig an einer Lade gestoßen hat. So sehr groß ist der Neid in den Leuten, dass er mir nicht gönnen will, allein einen bösen Schenkel zu haben. Hiermit Gott befohlen. Wir wollten nun fortan gern los [frei von Verpflichtungen] sein und heimfahren, wenn

es Gott wollte. Amen. Am Tag Scholasticae 1546.
Euer Heiligkeit williger Diener M. L.[126]

> Als Luthers letzter Brief an Katharina vom 14. Februar 1546 in Wittenberg ankommt (18. Februar 1546), ist Luther bereits gestorben.

Eisleben, 14. Februar 1546

Meiner freundlichen, lieben Hausfrau, Frau Katherina Luther von Bora zu Wittenberg zu Händen.

Gnade und Friede im Herrn! Liebe Käthe! Wir hoffen, diese Woche wieder heimzukommen, so Gott will. Gott hat hier große Gnade erzeigt. Denn die Herren haben durch ihre Räte fast alles verglichen, bis auf zwei oder drei Artikel, unter welchen ist, dass die zwei Brüder Graf Gebhard und Graf Albrecht wiederum zu Brüdern werden. Das soll ich heute vornehmen. Ich will sie zu mir zu Gast bitten, dass sie auch miteinander reden. Denn bisher sind sie stumm gewesen und haben sich durch Briefe hart verbittert. Sonst sind die jungen Herren fröhlich, fahren zusammen mit den Narrenglöcklein auf Schlitten, und die Fräulein auch, und bringen einander Mummenschanz und sind guter Dinge, auch Graf Gebhards Sohn. So muss man begreifen, dass Gott ein Erhörer der Gebete ist.

Ich schicke Dir Forellen, die mir die Gräfin Albrechts geschenkt hat. Sie ist von Herzen froh über die Einigkeit.

Deine Söhne sind noch in Mansfeld, Jakob Luther wird sie gut versorgen. Wir haben hier vollauf zu essen und zu trinken wie die Herren. Man wartet unser gar schön und allzu schön, dass wir Euch zu Wittenberg fast vergessen könnten. Ebenso ficht mich der Stein, Gott Lob, auch nicht an. Aber das Bein von Doktor Jonas wäre beinahe schlimmer geworden, so hat es Löcher auf dem Schienbein bekommen. Aber Gott wird auch helfen. Solches alles kannst Du Magister Philipp, Doktor Pomer und Doktor Cruciger anzeigen.

Hier ist das Gerücht aufgekommen, dass Doktor Martinus weggeführt sei, wie man in Leipzig und Magdeburg redet. So was erdichten die Naseweisen, Deine Landsleute. Etliche sagen, der Kaiser sei 30 Meilen Wegs von hier, bei Soest in Westfalen, etliche, dass der Franzose Landsknechte anwerbe, der Landgraf auch. Aber lass sagen und singen, wir wollen warten, was Gott tun wird. Hiermit Gott befohlen. Amen. Zu Eisleben am Sonntag Valentini 1546. M. Luther D.[127]

4.4 LUTHERS KINDER

Martin Luther (1483–1546) und
Katharina von Bora (1499–1552)
     1 Johannes (1526–1575)
     2 Elisabeth (1527–1528)
     3 Magdalene (1529–1542)
     4 Martin (1531–1565)
     5 Paul (1533–1593)
     6 Margarete, verh. von Kunheim (1534–1570)

»Ich bin Vater geworden durch die wunderbare Gnade Gottes«.[128] Dass am 7. Juni 1526 um zwei Uhr nachts sein erster Sohn geboren wurde, hat Luther notiert und mitgeteilt. Bereits einen Tag später schreibt er an Johann Rühel: »Wollt auch von meinetwegen M. Eisleben [Agricola] sagen, dass mir meine liebe Käthe von großer Gottes Gnaden einen Hansen Luther gebracht hat gestern um zwei [...] und dass er sich nicht verwundern wolle, dass ich ihn mit solchem Befehl lasse anrennen.«

Das Kind wird nach den Großvätern und dem Taufpaten Johannes Bugenhagen, dem Wittenberger Stadtpfarrer, genannt. Da Luther seinen Landesherrn Graf Albrecht von Mansfeld nicht zu bitten wagt, wird der Mansfelder Kanzler Kaspar Müller Pate.

Luther verfolgt und dokumentiert die Entwicklung seines Erstgeborenen bis in die Niederungen. Am 10. Juni 1527 teilt er Johannes Agricola mit, dass Hans robust ist und ein »Fresser und Säufer«. Am 19. Oktober 1527 schreibt er an Justus Jonas über Hans: Er »hat heute gelernt, mit gebeugten Knien in jede Ecke zu kacken, ja, in der Tat hat er mit wundersamem Geschäft in jede Ecke gekackt«.

Von der Veste Coburg aus schreibt Luther am 19. Juni 1530 an Hieronymus Weller, dass er zwei Briefe von ihm erhalten habe. Der letzte sei ihm besonders lieb wegen der Nachrichten über seinen Sohn Hans, da er als sein Lehrer ihn für einen aufmerksamen und gewissenhaften Schüler halte.

Luther stellt theologische Reflektionen an, während er den Knaben beim Singen beobachtet. »Fröhlich sein und sich fürchten! Mein Sohn Hänsischen kann es tun gegen mir, aber ich kann's gegen Gott nicht tun. Denn wenn ich sitze und schreibe oder tue sonst etwas, so singet er mir ein Liedlein daher, und wenn er es zu laut will machen, so fahre ich ihn ein wenig an, so singet er gleichwohl fort, aber er macht's heimlicher und etwas mit Sorgen und Scheu. Also will Gott auch, dass wir immer sollen fröhlich sein, jedoch mit Furcht und Ehrerbietung vor Gott.« (TR 148)

Am Ende seines Briefes an Katharina vom 27. Februar 1532 schreibt Luther: »Küsst den jungen Hans von mir.« Der im vorhergehenden Jahr geborene kleine Martin wird nicht erwähnt. Dass Luther einmal den Zweitgeborenen Martin als liebsten Sohn bezeichnet, entspringt lediglich der vorübergehenden Fürsorge für den Hilfsbedürftigen. Luther spricht in einer Tischrede über die Liebe und Sorge der Eltern für ihre Kinder und sagt: »Darum ist mein Martinichen mein liebster Schatz; denn er bedarf meines Dienstes und Hilfe mehr als Johannes oder Magdalena. Dieselben können nun reden und fordern, was sie wollen und ihnen not ist, darum bedürfen sie so großer Sorge nicht.« (TR 1032)

1533 (mit sieben Jahren!) wird Hans an der Universität immatrikuliert und 1539 mit den Söhnen von Melanchthon und Jonas zum Baccalaureus promoviert. Als erster Sohn eines berühmten Mannes steht er unter Erfolgszwang. Der elfjährige Herzog Johann Wilhelm von Sachsen, Sohn von Kurfürst Johann Friedrich, schreibt 1541 dem 15-jährigen Hans, dass er sich über seine Studien freue, und ermahnt ihn, seinem Vater nachzueifern.

»Johannes erit theologus.« (TR 3690) Der optimal geförderte Erstgeborene soll Theologe werden. »Wenn Du solltest ein Jurist werden, so wollt ich Dich an einen Galgen hängen. Er muss ein Prediger werden, muss taufen, predigen, Sakrament reichen, zu den Kranken gehen, die Betrübten trösten.« (TR 1422)

Ohne Rücksicht auf die lebenslange Abneigung seines Vaters gegenüber dem Beruf, den er selbst einmal wählen sollte, wird Hans Jurist. Er stirbt 1575.

Im Gegensatz zu dem liebenswerten Brief von der Veste Coburg sind die folgenden (lateinisch geschriebenen) Briefe des Vaters an den Sohn streng. In den Briefen an Markus Crodel verfügt er über ihn. Hans soll in Torgau nicht nur eine besonders gute Ausbildung erhalten, sondern auch hart gegen sich selbst werden.

Meinem herzlieben Sohn Hänschen Luther zu Wittenberg. Gnade und Frieden in Christus! Mein herzlieber Sohn, ich sehe gern, dass Du gut lernst und fleißig betest. Tue so, mein Sohn, und fahre darin fort. Wenn ich heimkomme, will ich Dir ein schönes Geschenk mitbringen.

Ich weiß einen hübschen, schönen, lustigen Garten. Da gehen viele Kinder drinnen, haben goldene Röcklein an und lesen schöne Äpfel unter den Bäumen und Birnen, Kirschen, Spillinge [gelbe Pflaumen] und Pflaumen, singen, springen und sind fröhlich. Sie haben auch schöne kleine Pferdchen mit goldenem Zaumzeug und silbernen Sätteln. Da fragte ich den Mann, dem der Garten gehört, was das für Kinder sind. Da sprach er: Es sind die Kinder, die gern beten, lernen und fromm sind. Da sprach ich: Lieber Mann, ich habe auch einen Sohn, der heißt Hänschen Luther, kann er nicht auch in den Garten kommen, dass er auch solche schönen Äpfel und Birnen essen und auf solchen feinen Pferdchen reiten und mit diesen Kindern spielen kann? Da sprach der Mann: Wenn er gern betet, lernt und fromm ist, so kann er auch in den Garten kommen, Lippus und Jost [die zweijährigen Söhne von Melanchthon und Jonas] auch. Und wenn sie alle zusammen kommen, so werden sie auch Pfeifen, Pauken, Lauten und allerlei anderes Saitenspiel haben, auch tanzen und mit kleinen Armbrüsten schießen. Und er zeigte mir dort eine feine Wiese im Garten, zum Tanzen eingerichtet, da hingen eitel goldene Pfeifen und Pauken und feine silberne Armbrüste. Aber es war noch früh, so dass die Kinder noch nicht gegessen hatten, darum konnte ich den Tanz nicht abwarten und sprach zu dem Mann: Ach lieber Herr, ich will flugs hingehen und das alles meinem lieben Sohn Hänschen schreiben, dass er ja fleißig lernt, betet und fromm ist, auf dass er auch in diesen Garten kommt. Aber er hat eine Muhme Lene [Magdalena von Bora], die muss er mitbringen. Da sprach der Mann: Es soll so sein, gehe hin und schreib es ihm so. Darum, lieber Sohn Hänschen, lerne und bete ja getrost, und sage es Lippus und Jost auch, dass sie auch lernen und beten, so werdet ihr miteinander in den Garten kommen. Hiermit sei dem lieben Gott befohlen, und grüße Muhme Lene und gib ihr einen Kuss von mir. Dein lieber Vater Martinus Luther.[129]

[Beilage: Veit Dietrich an Luthers Frau]
Veste Coburg, 19. Juni 1530

Gnade und Frieden von Gott! Freundliche, günstige, liebe Frau Doktorin!

Wisset, dass der Herr und wir [Veit Dietrich und Cyriacus Kaufmann] mit ihm noch frisch und gesund von Gottes Gnaden sind. Gott gebe Euch alles Gute mit Euren Kindern. Ihr habt ein sehr gutes Werk getan, dass Ihr dem Herrn Doktor dieses Bild geschickt habt, denn er verbringt über die Maßen viel Gedanken mit dem Bild. Er hat es dem Tisch gegenüber an die Wand geklebt, wo wir essen in des Fürsten Gemach. Da er es zuerst ansah, konnte er sie lange nicht erkennen. Ei, sprach er, die Lene ist ja so schwarz! Aber jetzt gefällt sie ihm wohl und dünkt ihm je länger je mehr, es sei Lehnchen. Sie sieht dem Hänschen über die Maßen gleich mit dem Mund, Augen und Nase, in Summa mit dem ganzen Angesicht, und wird ihm noch gleich werden. Das habe ich Euch diesmal schreiben wollen.
Liebe Frau Doktorin! Ich bitte, Ihr wollet Euch um den Herrn Doktor nicht härmen. Er ist, Gott lob, frisch und gesund, hat den Vater in den ersten zwei Tagen vergessen,

wiewohl es ihm sehr sauer ward. Als er Hans Reinickes Brief ansah, sagte er zu mir: Wohlan, mein Vater ist auch tot! Danach flugs drauf nimmt er seinen Psalter, geht in die Kammer und weint genug um ihn, so dass ihm der Kopf des andern Tages ungeschickt war. Seitdem hat er sich nichts mehr anmerken lassen.

M. Veit Diedrich von Nürnberg.[130]

Wittenberg, 27. Januar 1537

Gnade und Frieden in dem Herrn! Bisher haben mir, mein lieber Sohn, Deine Studien und die an mich gerichteten Briefe gefallen. Wenn Du so fortfährst, so machst Du nicht allein mir als Deinem Dich liebenden Vater eine Freude, sondern es wird vor allem auch Dir selbst nützen, da Du offensichtlich nicht aus der Art geschlagen bist. Deshalb sorge dafür, dass Du das, was Du angefangen hast, fleißig fortführst. Denn Gott, welcher geboten hat, dass die Kinder den Eltern gehorsam sein sollen, hat den gehorsamen Kindern auch seinen Segen verheißen. Siehe zu, dass Du allein diesen Segen im Blick hast und Dich nicht durch irgendwelche bösen Beispiele davon abbringen lässt. Denn Gott hat den ungehorsamen Kindern den Fluch angedroht. Fürchte daher Gott, der da segnet und flucht. Obwohl er seine Verheißungen und Drohungen zum Verderben der Bösen hinausschiebt, erfüllt er sie doch schnell zum Heil der Guten. Fürchte daher Gott und höre auf Deine Eltern, welche nur das Beste für Dich wollen, und fliehe die schändliche und unehrenhafte Gesellschaft. Deine Mutter grüßt Dich von Herzen, desgleichen Muhme Lene, ebenso auch Deine Schwestern und Brüder, die auch alle einen glücklichen Verlauf und einen guten Abschluss Deiner Ausbildung wünschen. Die Mutter trägt Dir auf, Deinen Lehrer und seine Frau zu grüßen. Wenn sie mit Dir zu Fastnacht, in diesen fröhlichen Tagen, hier sein wollen, so ist das möglich, weil ich danach abwesend bin. Muhme Lene bittet sehr darum. Leb wohl, mein lieber Sohn, lerne und höre auf die Ermahnungen guter Leute. Der Herr sei mit Dir. Martinus Luther, Dein leiblicher und geistlicher Vater.[131]

Am 26. August 1542 schickt Luther Hans nach Torgau. Am 16. September 1542 bittet er Markus Crodel, dass er Hans ohne Angabe des Grundes nach Wittenberg zurückschicken soll, da seine Schwester im Sterben liegt. Am 26. Dezember 1542 schreibt Luther an Markus Crodel: Wenn seinen Sohn nichts anderes als das Heimweh plage, solle er nicht zurück nach Wittenberg kommen. Und am nächsten Tag ermahnt Luther seinen Sohn, den Schmerz männlich zu überwinden.

Wittenberg, 26. August 1542

Wie zwischen Dir und mir verabredet, lieber Markus, schicke ich meinen Sohn Johannes zu Dir, damit Du ihn zu den Knaben tust, die in der Grammatik und Musik geübt werden sollen. Zugleich gib Acht auf seine Sitten und bessere sie. Denn zu Dir habe ich ein sehr großes Vertrauen im Herrn. Die Kosten werde ich reichlich erstatten. Und Du sollst mir zu seiner Zeit sagen, was er für Fortschritte gemacht hat und wie weit es mit ihm zu bringen ist. Ich habe den Knaben Florian [von Bora, Luthers Neffe] mitgeschickt, weil ich feststelle, dass für diesen Knaben das Beispiel einer Schar von vielen Knaben nötig ist. Das scheint mir mehr zu bewirken als Privaterziehung. Behandle ihn aber etwas härter. Und wenn Du ihn bei einem

Bürger unterbringen kannst, so tu es bitte. Falls nicht, so schicke ihn zurück. Gott gebe Gedeihen zu dem Angefangenen. Wenn ich guten Erfolg bei diesem Sohn sehe, so wirst Du bald, wenn ich am Leben bleibe, auch die beiden anderen haben. Denn meine Überlegung dabei ist, dass es keine Schulmeister gibt, die Dir an Sorgfalt gleich sind, besonders in der Grammatik und der Strenge der Sittenzucht. Deshalb muss man das Leben wahrnehmen. Die Zeit entflieht mit schnellem Fuß, und viel schneller noch gehen gewissenhafte Lehrer dahin. Danach mögen sie glücklich zu höheren Studien hierher zurückkehren. Gehabe Dich wohl in dem Herrn und sage Johann Walther [Kantor der Torgauer Schule und Begründer der ersten Kantorei Deutschlands, der als Komponist von Luthers Liedern bekannt wurde], dass ich für sein Wohlergehen bete und dass er sich meines Sohnes in der Musik annehmen möchte. Denn ich bringe Theologen hervor. Aber ich wünsche auch Grammatiker und Musiker hervorzubringen. Noch einmal, gehabe Dich wohl und grüße Gabriel [Zwilling] auch mit den seinen. Zum dritten Mal und in Ewigkeit Gott befohlen.[132]

Wittenberg, 28. August 1542

Gnade und Frieden! Lieber Markus! Ich will der erste Kläger sein über den Buben Florian, den ich zusammen mit Hans geschickt habe. Und ich bitte, Ihr wollt ihm zum *bene veneris* [Willkommen] drei Tage hintereinander jeden Tag einen guten fetten Schilling [Prügel] geben lassen ohne alle Barmherzigkeit. Er meint, er sei der Rute entlaufen, aber sie soll ihn in Empfang nehmen. Die ersten [Prügel] dafür, dass er auf dem Weg meinem [Sohn] Paul unterwegs das Messer freventlich weggenommen hat. Die zweiten dafür, dass er gelogen und gesagt hat, ich hätte es ihm geschenkt, und dass der Schilling wegen der Lügen bis auf das Blut gut sei. Den dritten, weil er mir ohne mein Wissen und meinen Willen das Messer weggenommen und gestohlen hat. Dieser Schilling soll der beste sein. Oder schickt mir den Buben wieder zurück. Und Hans nehme das Messer an sich und bewahre es auf. Wäre der Schlingel hier, so wollte ich ihn lügen und stehlen lehren! Er hat es vorher nicht getan. Hiermit Gott befohlen, Amen.[133]

Wittenberg, 16. September 1542

Gnade und Frieden! Mein lieber Markus Crodel! Ich bitte Dich, dass Du meinem Sohn Johannes verheimlichst, was ich Dir schreibe. Meine Tochter Magdalene liegt fast in den letzten Zügen und wird in Kürze zu dem rechten Vater im Himmel gehen, wenn Gott es nicht anders beschlossen hat. Aber sie sehnt sich so sehr, den Bruder zu sehen, dass ich genötigt bin, den Wagen zu schicken. Sie haben sich gegenseitig sehr lieb gehabt. Vielleicht kann ihr sein Kommen Erholung bringen. Ich tue, was ich kann, damit mich nicht später das Bewusstsein quält, etwas versäumt zu haben. Daher befiehl ihm ohne Angabe des Grundes, in diesem Wagen hierher zu eilen. Er wird bald zurückkehren, wenn sie im Herrn entschlafen ist oder wieder aufkommt. Gehab Dich wohl im Herrn. Sage ihm, es handele sich um etwas, was ihm heimlich aufgetragen werden soll. Sonst ist alles wohlauf.[134]

Wittenberg, 26. Dezember 1542

Gnade und Frieden! Gern glaube ich, mein lieber Markus, dass mein Sohn durch die Worte seiner Mutter weich geworden ist. Die Trauer über den Tod seiner Schwester kommt noch hinzu. Aber ermahne Du ihn kräftig. Denn das steht fest, dass er hier von Dir und Deiner Frau gerühmt hat, er werde bei Euch so gut oder noch besser gehalten als hier bei uns. Daher befiehl ihm, diesen weibischen Sinn zu bezähmen und sich daran zu gewöhnen, Schweres zu ertragen und dieser kindischen Weichlichkeit nicht nachzuhängen. Denn deshalb ist er nach auswärts geschickt worden, dass er das lerne und hart werde. Ich will nicht, dass er zurückkehrt, falls keine andere Ursache dafür vorhanden ist. Wenn aber eine andere Krankheit dazu kommen sollte, so teile es mir mit. Unterdessen soll er sich um das kümmern und das tun, weswegen er zu Euch geschickt worden ist, und den Gehorsam gegen den Vater nicht verletzen. Wir sind hier, Gott sei Dank, wohl und gesund. Gehab Dich wohl.[135]

Wittenberg, 27. Dezember 1542

Johannes Luther, seinem von Herzen geliebten Sohn in Torgau.

Gnade und Frieden im Herrn! Mein lieber Sohn Johannes, ich, Deine Mutter und alle im Haus sind gesund. Bemühe Du Dich, dass Du die Tränen männlich überwindest, damit Du Deiner Mutter nicht Schmerz und Befürchtung hinzufügst [zur Trauer über Magdalenes Tod], zumal sie ohnehin zu Befürchtungen und Kümmernissen neigt. Gehorche Gott, der Dir durch uns befohlen hat, Dich dort ausbilden zu lassen, dann wirst Du diese Weichlichkeit vergessen.

Deine Mutter konnte nicht schreiben. Sie hielt es auch nicht für nötig und sagt, dass sie alles, was sie Dir gesagt hat (wenn es Dir vielleicht nicht gut ginge, solltest Du zurückkehren), verstanden habe im Blick auf eine Krankheit, damit Du über diese, wenn sie eintreten sollte, ohne Verzug mitteilen möchtest. Im Übrigen wünscht sie, dass Du dieses Trauern ablegst und fröhlich und ruhig studierst. Hiermit gehab Dich wohl im Herrn. Am Tag Johannis Evangelistae 1542. Dein Vater Martin Luther[136]

> Außer diesen vier Briefen an Hans sind keine Schreiben Luthers an seine Kinder überliefert, wohl aber zahlreiche Briefe, in denen sie erwähnt werden.

Elisabeth, dass zweite Kind, geboren am 10. Dezember 1527, stirbt bereits am 3. August des folgenden Jahres. »Mein Töchterlein Elisabeth ist mir gestorben. Wundersam, wie gramvoll sie mir meinen Sinn gelassen hat, fast wie eine Frau, so bewegt mich das Mitleiden mit ihr. Vorher hätte ich niemals geglaubt, dass väterliche Sinne um eines Kindes willen so weich werden.«[137]

Luther tröstet sich in seiner Traurigkeit damit, dass das Kind bei Gott, dem eigentlichen Vater gut aufgehoben sei, und schreibt entsprechend dem biblischen Vorbild des Hiob: »Der Herr hat mir das Töchterlein, das er mir gab, genommen. Sein Name sei auf immer gelobt.«

»Ich habe ein anderes Töchterlein in der Gebärmutter«, schreibt – nicht Katharina, sondern – Martin Luther Ende August 1528 an Eberhard Brisger, den letzten Prior des Wittenberger Augustinerkonvents. Katharina fühlte sich schwanger, und Luther erhoffte sich für die am 3. August 1528 gestorbene Elisabeth eine neue Tochter. Sein Wunsch erfüllte sich. *Magdalene* – mit dem Kosenamen *Lenchen* – wird am 5. Mai 1529 geboren. Noch am selben Tag schreibt der glückliche Vater an Nikolaus von Amsdorf: »Gott der Vater aller Gnaden hat mir und meiner lieben Käthen eine junge Tochter gnädiglich beschert. So bitte ich E.W. um

Gottes willen, wollet ein christliches Amt annehmen und derselben armen Heidin geistlicher Vater [Pate] sein und ihr zu der heiligen Christenheit helfen durch das himmlische, hochwürdige Sakrament der Taufe.«

Während seines Aufenthaltes auf der Coburg (1530) freut sich Luther über das Bild von Lenchen, das ihm Katharina geschickt hatte, obwohl er »*das Hürlein*« zunächst nicht erkennt. Er hängt das Bild der damals einjährigen Tochter gegenüber seinem Platz am Tisch auf. Seiner Frau gibt er väterliche Ratschläge zur Entwöhnung des Kindes.

»Als seine Tochter sehr krank war, sagte Doktor Martinus: ›Ich habe sie sehr lieb, aber, lieber Gott, wenn es dein Wille ist, dass du sie hinnehmen willst, so will ich sie gern bei dir wissen.‹ Und als sie im Bett lag, sprach er zu ihr: ›Magdalenchen, mein Töchterlein, du bliebest gerne hier bei deinem Vater und ziehest auch gerne zu jenem Vater!‹ Da sprach sie: ›Ja, lieber Vater, wie Gott will!‹ Da sagte der Vater: ›Du liebes Töchterlein, der Geist ist willig, aber das Fleisch ist schwach!‹ Und er wandte sich um und sprach: ›Ich habe sie ja sehr lieb; ist das Fleisch so stark, was wird denn der Geist sein?‹ [...] Als nun Magdalenchen in den letzten Zügen lag und jetzt sterben wollte, fiel der Vater vor dem Bett auf seine Knie, weinte bitterlich und betete, dass Gott sie wolle erlösen. Da verschied sie und entschlief in Vaters Händen. Die Mutter aber war auch in derselben Kammer, doch weiter vom Bett entfernt um der Traurigkeit willen. Das geschah ein wenig nach neun Uhr am Mittwoch, dem 17. Sonntag nach Trinitatis im Jahr 1542.« (TR 5494)

»Als es mit seiner Tochter zu Ende ging, fiel er vor dem Bett auf die Knie, weinte bitterlich und betete, Gott wolle sie erlösen. Da hauchte sie die Seele aus unter den Händen des Vaters. Auch die Mutter war in der Kammer, aber, weil sie so litt, nicht unmittelbar am Bett. Das geschah kurz nach neun, am Dienstag vor dem 15.Trinitatis-Sonntag des Jahres 42.« (TR 5496)

Am 20. September 1542 stirbt Magdalene, und drei Tage später schreibt Luther an Justus Jonas:

»Ich vermute, dass die Nachricht zu Dir gelangt ist, dass Magdalene, meine von Herzen geliebte Tochter, wiedergeboren ist zum ewigen Reich Christi. Obwohl ich und meine Frau nur fröhlich Dank sagen sollten für ihren so glücklichen Heimgang und ihr seliges Ende, durch das sie der Macht des Fleisches, der Welt, des Türken und des Teufels entgangen ist, so ist doch die Macht der natürlichen Liebe so groß, dass wir es ohne Schluchzen und Seufzen des Herzens, ja ohne große Abtötung nicht vermögen. Es haften tief im Herzen ihr Anblick, die Worte und Gebärden der lebenden und sterbenden, überaus gehorsamen und ehrerbietigen Tochter, so dass selbst Christi Tod (und was ist das Sterben der Menschen im Vergleich damit?) dies ganz vertreiben kann, wie es doch sein sollte. Sage Du daher Gott Dank an unserer Statt. Denn er hat wahrlich ein großes Werk der Gnade an uns getan, da er unser Fleisch so verherrlicht hat. Sie war (wie Du weißt) von sanftem und freundlichem Wesen und allen lieb. Gelobt sei der Herr Jesus Christus, der sie berufen, erwählt und verherrlicht hat. Wollte doch Gott, dass mir und den Meinen ein solcher Tod, vielmehr ein solches Leben zuteil würde. Das allein erbitte ich von Gott, dem Vater allen Trostes und aller Barmherzigkeit.«[138]

Seine sehr begnadete Tochter Magdalene sei zu ihrem himmlischen Vater weggegangen im Vertrauen auf Christus. Sein Schmerz sei groß; denn er habe sie sehr geliebt, schreibt Luther am 9. Oktober 1542 an

den Augustinermönch Jakob Propst.
Interessant ist, dass Luther in diesem Zusammenhang geschlechtsspezifische Überlegungen anstellt – ebenso wie später, als er für die dritte Tochter über seinen Tod hinaus Vorsorge trifft.

»Man muss die Kinder doch versorgen und sonderlich die armen Mägdlein. Wir dürfen nicht erwarten, dass sich ein anderer ihrer annehmen wird. Ich habe mit Knaben keine Barmherzigkeit. Ein Knabe ernährt sich, in welches Land er kommt, wenn er nur arbeiten will. Will er aber faul sein, so bleibt er ein Schlingel. Aber das arme Mägdevölklein muss einen Stab in der Hand haben. Ein Knabe kann in der Schule laufen nach Parteken,[139] dass danach ein feiner Mann aus ihm werde, wenn er es tun will. Das kann ein Mägdlein nicht tun. Item: Ich gebe diese Tochter unserm Gott sehr gern, nach dem Fleisch aber hätte ich sie gern länger bei mir behalten; weil er sie aber weggenommen hat, so danke ich ihm.« (TR 5494)

»Er, der Doctor, wiederholte oft, wie droben angezeigt, und sprach: Ich wollte gern meine Tochter behalten, denn ich habe sie ja sehr lieb, wenn mir sie unser Herrgott lassen wollte; doch sein Wille geschehe! Ihr kann zwar nichts Besseres geschehen!« (TR 4954)

Den Schmerz des Vaters beim Tod seiner zweiten Tochter haben die Tischgenossen ausführlich und bisweilen wiederholend notiert. Obwohl Katharina an vielen Tischgesprächen teilgenommen hat, wird sie auch hier nur sehr selten erwähnt.

»Da nun seine Hausfrau sehr traurig war, weinte und heulte, sprach D. Martinus Luther zu ihr: ›Liebe Käthe, bedenke doch wo sie hinkömmt! Sie kommt ja wohl! Die Kinder disputieren nicht; wie man ihnen sagt, so glauben sie es; bei den Kindern ist alles einfältig, sterben ohne Schmerz und Angst, ohne Disputieren, ohne Anfechtung des Todes, ohne Schmerzen am Leib, gleichwie sie entschlafen.‹« (TR 5490c)

In der Nacht vor dem Tod ihrer Tochter träumt Katharina, dass Magdalene von zwei gut aussehenden und festlich geschmückten »Gesellen« zur Hochzeit geführt wird. Als sie den Traum Melanchthon erzählt, sagt er: »Die jungen Gesellen sind die lieben Engel, die werden kommen und diese Jungfrau in das Himmelreich, in die rechte Hochzeit führen.« (TR 5954)

An der Beisetzung am Tag nach ihrem Tod beteiligt sich auch die Universität. Der Wittenberger Universitätsrektor Matthäus Aurogallus gibt in einem Anschlag das selige Ende von Magdalene bekannt und teilt den Begräbnistermin mit.

Auf der Grabschrift wird nur der Vater, nicht die Mutter erwähnt:
»Hie schlaf ich Lenichn, D. Luthers Töchterlein,
Ruh mit alln Heilign in meim Bettlein,
Die ich in Sünden war geborn,
Hätt ewig müssen seyn verlorn;
Aber ich leb nu und habs gut,
Herr Christe, erlöst mit deinem Blut!« (TR 5490c)

In einem der zahlreichen Trostbriefe, die Luther geschrieben hat, erwähnt er den Tod seiner Kinder.

»Ich bin auch ein Vater und habe meiner Kinder etliche sterben sehen, auch anderes, größeres Elend als den Tod erlebt und weiß, dass solche Sachen wehe tun. Wir sollen aber den Schmerzen widerstehen und uns mit Erkenntnis der ewigen Seligkeit trösten. Gott will, dass wir unsere Kinder lieb haben und dass wir trauern, wenn sie uns hinweggenommen werden, doch soll die Traurigkeit mäßig und nicht zu heftig sein, sondern der Glaube der ewigen Seligkeit soll Trost in uns wirken.«[140]

Luthers zweiter Sohn wird am 9. November 1531 geboren, einen Tag vor dem Geburtstag seines Vaters, dessen Namen er erhält.

Über den einjährigen *Martin* und seinen Eigensinn schreibt Luther am 3. Dezember 1532 an Johann Riedesel: »Meine Käte und euer Pate grüßen euch und wünschen euch alles Gute. [...] Euer Pate wird ein tätiger Mann werden. Er greift zu und will seinen Willen durchsetzen.«

Martin studiert Theologie, ohne ein Amt auszuüben. Er heiratet Anna Heiliger, die Tochter des Wittenberger Bürgermeisters. Die Ehe bleibt kinderlos. Martin stirbt bereits 1565.

Am 28. Januar 1533 wird Luthers dritter Sohn geboren und am folgenden Tag in der Schlosskirche getauft. Er erhält den Namen des Apostel Paulus.

Die Paten von *Paul* sind Herzog Johann Ernst, der sächsische Erzmarschall Hans von Löser, Jonas, Melanchthon und Margarete, die Frau des Hofrats Caspar Lindemann. An Hans von Löser schreibt Luther am 25. Januar 1533, er möge zur Taufe kommen und Pate werden und Paul helfen, »damit er aus der alten Art Adams zur Wiedergeburt Christi durch das heilige Sakrament der Taufe komme und ein Glied der heiligen Christenheit werden möchte, ob vielleicht Gott der Herr einen neuen Feind des Papstes und der Türken an ihm erziehen wollte.«

Paul studiert Medizin, promoviert in Wittenberg und lehrt an der Universität Jena. Er ist zunächst Leibarzt der sächsischen Herzöge und wird 1571 Leibarzt von Kurfürst August von Sachsen in Dresden. Er heiratet Anna Warbeck, die Tochter des kurfürstlichen Vizekanzlers. Sie haben sechs Kinder.

Der älteste Sohn Johann Ernst setzt die Luther-Linie fort. Sein Urenkel, der Jurist (!) *Martin Gottlob Luther* (1707–1759) war der letzte männliche Nachkomme von Martin Luther.

Über die weiblichen Linien gibt es Nachkommen (»Lutheriden«) bis in die Gegenwart.

Als sechstes und letztes Kind wird *Margarete* am 17. Dezember 1534 geboren. Luther bittet Fürst Joachim von Anhalt, Pate zu werden. »Es hat mir der allmächtige Gott von meiner lieben Käthen diese Stunde eine junge Tochter beschert. Nun ich denn zuvor E.F.g. verheißen, zu bitten um das christliche Amt geistlicher Vaterschaft. Demnach bitte ich um Christi willen, E.F.g. wollten der Demut nicht beschweren [sich herablassen] und dem armen Heiden von seiner sündlichen tödlichen Geburt zur neuen heiligen und seligen Wiedergeburt helfen und geistlicher Vater sein durch das heilige Bad der Taufe.«[141]

Da Luther 51 Jahre alt ist, glaubt er nicht mehr, seine Tochter erwachsen zu erleben, und schreibt am 15. September 1538 an ihren Paten Jakob Probst, er möge sie nach seinem Tod mit einem Bräutigam versorgen. Als Luther am 18. Februar 1546 stirbt, ist Margarethe elf Jahre alt.

Margarete lernt Erhard von Kunheim (1532–1611), den Erbherrn von Mülhausen und Knauthen, der seit 1550 in Wittenberg studiert, kennen und verliebt sich in ihn. Die heimliche Verlobung führt zu Problemen, die Melanchthon lösen kann. Die Hochzeit wird am 5. August 1555 unter

Beteiligung des Adels und der Professoren in Wittenberg feierlich begangen.

Margarete stirbt 1570. Nachkommen ihrer gleichnamigen Tochter leben bis heute.

ANMERKUNGEN

1 Briefe 1,70f. (Luther am 26. Oktober 1516 an Johannes Lang).

2 Briefe 1,108–112 (Luther am 31. Oktober 1517 an Erzbischof Albrecht von Mainz).

3 Briefe 1,151–153 (Luther am 5. März 1518 an Christoph Scheurl).

4 Briefe 1,154–156 (Luther am 21. März 1518 an Johann Lang).

5 Briefe 2,40–42 (Luther am 14. Februar 1520 an Spalatin).

6 Briefe 2,167 f. (Luther am 18. August 1520 an Johann Lang).

7 Briefe 2,193–196 (Luther am 11. Oktober 1520 an Georg Spalatin).

8 Briefe 2,245–247 (Luther am 14. Januar 1521 an Johann von Staupitz).

9 Briefe 2,262–265 (Luther am 9. Februar 1521 an Staupitz).

10 Briefe 2,278–281 (Kaiser Karl V. am 6. März 1521 an Luther: Vorladung und Geleitbrief).

11 Briefe 2,288–290 (Luther am 19. März 1521 an Spalatin).

12 Briefe 2,298 f. (Luther am 14. April 1521 an Spalatin).

13 Briefe 2,299–301 (Luther am 17. April 1521 an
Johannes Cuspianus).

14 Briefe 2,306–310 (Luther am 28. April 1521 an
Kaiser Karl V.).

15 Ironische Anspielung auf den Papsttitel
servus servorum dei [Diener der Diener des
Herrn].

16 Briefe 9,76–78 (Luther am 19. März 1540 an
Jonas, Bugenhagen, Cruciger und Melanchthon).

17 Briefe 11,200–202
(Luther am 21. Oktober 1545 an Amsdorf).

18 Briefe 2,305 f.
(Luther am 28. April 1521 an Lukas Cranach).

19 Briefe 2,334 f.
(Luther am 12. Mai 1521 an Amsdorf).

20 Briefe 2,332–334
(Luther am 12. Mai 1521 an Melanchthon).

21 Briefe 2,354–256
(Luther am 10. Juni 1521 an Spalatin).

22 Briefe 2,366-368
(Luther am 15. Juli 1521 an Spalatin).

23 Briefe 2,379–382
(Luther am 15. August 1521 an Spalatin).

24 Briefe 2,390 f.
(Luther am 9. September 1521 an Amsdorf).

25 Briefe 2, 405–409 (Luther am 1. Dezember 1521 an
Erzbischof Albrecht von Mainz).

26 WA 35,587. Diese Verse für ein Bild von Friedrich
dem Weisen hat Luther am 9. Juli 1525 diktiert
und das Diktierte dann eigenhändig verbessert.

27 WA 5,19–23 (vgl. Briefe 1,361).

28 Briefe 1,119 f. (Luther am 6. November 1517 an
Kurfürst Friedrich).

29 Briefe 1,293 f. (Luther am 6. Januar 1519 an
   Kurfürst Friedrich).
30 Briefe 1,305–309 (Luther am 19. Januar 1519 an
   Kurfürst Friedrich).
31 Die *Operationes in psalmos*, die Luther dem
   Kurfürsten gewidmet hatte.
32 Gemeint ist der Kommentar zum Galaterbrief.
   Luther wartete zu dieser Zeit auf die baldige
   Vollendung des Drucks.
33 Briefe 1,386 f. (Luther am 15. Mai 1519 an
   Kurfürst Friedrich).
34 Briefe 2,448 f. (Luther am 24. Februar 1522 an
   Kurfürst Friedrich).
35 Briefe 2,453–457 (Luther am 5. März 1522 an
   Kurfürst Friedrich).
36 Briefe 2,470–473
   (Luther am 13. März 1522 an Spalatin).
37 Briefe 3,195–197 (Luther Mitte November 1523 an
   Kurfürst Friedrich).
38 Briefe 3,258 f. (Luther am 23. März 1524 an
   Kurfürst Friedrich).
39 Briefe 3,486–489 (Luther am 27. Mai 1525 an
   Spalatin) – Dem Schreiben folgt ein ausführliches
   Formular für die Gestaltung der Beisetzung des
   Kurfürsten (Briefe 3,488).
40 WA 35,589 f. Luthers Verse stehen unter
   Lukas Cranachs Bild von Kurfürst Johann.
41 Briefe 3,496 f.
   (Luther am 15. Mai 1525 an Kurfürst Johann).
42 Briefe 3,519 f. (Kurfürst Johann am 1. Juni 1525 an
   Luther).
43 Briefe 3,594–596 (Luther am 31. Oktober 1525 an
   Kurfürst Johann).

44 Briefe 3,613 f. (Kurfürst Johann am 7. November 1525 an Luther).

45 Briefe 4,38 f. (Kurfürst Johann am 16. März 1526 an Luther).

46 Briefe 4,133.135 (Luther am 22. November 1526 an Kurfürst Johann).

47 Briefe 4,227 f. (Kurfürst Johann am 10. August 1527 an Luther).

48 Briefe 4,248 f. (Luther am 16. September 1527 an Kurfürst Johann).

49 Briefe 4,265 f. (Luther am 12. Oktober 1527 an Kurfürst Johann).

50 Briefe 4,463 f. (Luther und Melanchthon am 18. Mai 1528 an Kurfürst Johann).

51 Briefe 5,75–78 (Luther am 22. Mai 1529 an Kurfürst Johann).

52 Briefe 5,222 f. (Kurfürst Johann am 18. Januar 1530 an Luther).

53 Briefe 5,292–295 (Luther am 28. April 1530 an die Wittenberger Tischgesellen).

54 Briefe 5,319 f. (Luther am 15. Mai 1530 an Kurfürst Johann).

55 Briefe 5,324–328 (Luther am 20. Mai 1530 an Kurfürst Johann).

56 Briefe 5,394 f. (Kurfürst Johann am 25. Juni 1530 an Luther).

57 Briefe 5,645 f. (Luther am 3. Oktober 1530 an Kurfürst Johann).

58 Briefe 6,90 (Kurfürst Johann am 4. Mai 1531 an Luther).

59 Briefe 6,257 f. (Kurfürst Johann am 4. Februar 1532 an Luther).

60 Briefe 6,276 f. (Luther am 28. März 1532 an
   Kurfürst Johann).
61 Briefe 2,477 f. (Luther am 18. März 1522 an Herzog
   Johann Friedrich).
62 Briefe 4,74 f. (Luther am 14. Mai 1526 an Herzog
   Johann Friedrich). Wigand Güldenapf war Luthers
   Lehrer in Eisenach. Ab 1510 hatte er die
   Pfarrstelle in Waltershausen, 1523 trat er in den
   Ruhestand.
63 Briefe 4,465 (Luther und Melanchthon am
   18. Mai 1528 an Herzog Johann Friedrich).
64 Briefe 6,332 (Luther am 29. Juni 1532 an
   den Kurprinzen Johann Friedrich).
65 Briefe 7,206–208 (Luther am 9. Juli 1535 an
   Kurfürst Johann Friedrich).
66 Briefe 7,222–224 (Luther am 7. August 1535 an
   Kurfürst Johann Friedrich).
67 Briefe 8,2 f. (Luther am 3. Januar 1537 an
   Kurfürst Johann Friedrich).
68 Briefe 8,403–405 (Luther am 9. April 1539 an
   Kurfürst Johann Friedrich).
69 Briefe 8,488–492 (Luther am 8. Juli 1539 an
   Kurfürst Johann Friedrich).
70 Briefe 8,558 f. (Luther im September 1539 an
   Kurfürst Johann Friedrich).
71 Briefe 8,378–381 (Luther am 2. März 1539 an
   Melanchthon).
72 Briefe 9,69–72 (Luther am 5. März 1540 an
   Melanchthon).
73 Briefe 9,2–4 (Luther am 2. Januar 1540 an
   Kanzler Brück).
74 Briefe 7,124 f. (Luther am 8. Dezember 1534 an
   Hans Kohlhase).

75 Briefe 8,582–584 (Kurfürst Johann Friedrich am
30. Oktober 1539 an Luther).

76 Briefe 8,599–601 (Kurfürst Johann Friedrich
am 12. November 1539 an Luther).

77 Briefe 9,129 f. (Luther am 10. Juni 1540 an
Kurfürst Johann Friedrich).

78 Briefe 9,131–135 (Luther am 10. Juni 1540 an
Kurfürst Johann Friedrich).

79 Briefe 9,380 f. (Luther am 25. April 1541 an
Kurfürst Johann Friedrich).

80 Briefe 9,512–514 (Kurfürst Johann Friedrich am
8. September 1541 an Luther und Bugenhagen).

81 Briefe 9,563 f. (Kurfürst Johann Friedrich am
26. Dezember 1541 an Luther).

82 Briefe 9,618–620 (Luther am 15. Februar 1542 an
Kurfürst Johann Friedrich).

83 Briefe 10,123–125 (Luther am 19. August 1542 an
Kurfürst Johann Friedrich).

84 Briefe 11,160–165 (Kurfürst Johann Friedrich am
5. August 1545 an Luther).

85 Briefe 3,414–417 (Luther Anfang 1525 an
Graf Albrecht).

86 Briefe 9,114–116 (Luther am 24. Mai 1540 an
Graf Albrecht).

87 Briefe 10,81–83 (Luther am 15. Juni 1542 an
Albrecht, Philipp und Johann Georg
von Mansfeld).

88 Briefe 11,277–279 (Luther am 1. Februar 1546 an
Melanchthon).

89 Briefe 11,285 f. (Luther am 6. Februar 1546 an
Melanchthon).

90 Briefe 11,301 f. (Luther am 14. Februar 1546 an
Melanchthon).

91 Briefe 2,382–387 (Luther am 9. September 1521 an
  Spalatin).

92 WA 8,573–576 (Luther am 21. November 1521 an
  seinen Vater).

93 Briefe 5,238–241 (Luther am 15. Februar 1530 an
  seinen Vater).

94 Briefe 5,350–352 (Luther am 5. Juni 1530 an
  Melanchthon).

95 Briefe 6,103–106 (Luther am 20. Mai 1531 an
  seine Mutter).

96 Briefe 3,59 (Luther am 10. April 1523 an
  Leonhard Koppe). Vgl. WA 11,394–400
  *(Ursach und Antwort, dass Jungfrauen
  Klöster göttlich verlassen mögen)*.

97 Briefe 3,54–57 (Luther am 10. April 1523 an
  Spalatin).

98 Briefe 3,393–395 (Luther am 30. November 1524
  an Spalatin).

99 Briefe 3,522 (Luther am 3. Juni 1525 an
  Johann Rühel).

100 Briefe 3,533 (Luther am 16. Juni 1525 an Spalatin).

101 Briefe 3,536 f. (Luther am 20. Juni 1525 an
  Wenzeslaus Link).

102 Briefe 3,537 f. (Luther am 21. Juni 1525 an
  Hans von Dolzig).

103 Briefe 3,541 f. (Luther am 21. Juni 1525 an
  Nikolaus von Amsdorf).

104 Briefe 3,542 f. (Luther am 25. Juni 1525 an
  Spalatin).

105 Das handschriftliche Testament Luthers von 1542
  wird in der Evangelischen Kirche Ungarns (Budapest,
  Uelloei-Straße) aufbewahrt. Das fünfte und letzte
  Blatt enthält die Namenszüge von drei Zeugen.

106 Briefe 5,153 f. (Luther am 4. Oktober 1529 an
    Katharina).
107 Briefe 5,347 f. (Luther am 5. Juni 1530 an
    Katharina).
108 Briefe 5,544 f. (Luther am 14. August 1530 an
    Katharina).
109 Briefe 5,545 f. (Luther am 15. August 1530 an
    Katharina).
110 Briefe 5,608 f. (Luther am 8. September 1530 an
    Katharina).
111 Briefe 5,633 f. (Luther am 24. September 1530 an
    Katharina).
112 Briefe 6,270–272 (Luther am 27. Februar 1532 an
    Katharina).
113 Briefe 7,91 f. (Luther am 29. Juli 1534 an
    Katharina).
114 Briefe 8,50–52 (Luther am 27. Februar 1537 an
    Katharina).
115 Briefe 9,167–170 (Luther am 2. Juli 1540 an
    Katharina).
116 Briefe 9,171–174 (Luther am 10. Juli 1540 an
    Katharina).
117 Briefe 9,174–176 (Luther am 16. Juli 1540 an
    Katharina).
118 Briefe 9,204 f. (Luther am 26. Juli 1540 an
    Katharina).
119 Briefe 9,518 f. (Luther am 18. September 1541 an
    Katharina).
120 Briefe 11,148–152 (Luther am 28. Juli 1545 an
    Katharina).
121 Briefe 11,268–270 (Luther am 25. Januar 1546 an
    Katharina).

122 Vgl. Reinhard Dithmar, Auf Luthers Spuren. Ein biographischer Reiseführer, Leipzig: Evangelische Verlagsanstalt 2006, 106f.

123 Briefe 11,275–277 (Luther am 1. Februar 1546 an Katharina).

124 Briefe 11,283 f. (Luther am 6. Februar 1546 an Katharina).

125 Briefe 11,286–288 (Luther am 7. Februar 1546 an Katharina).

126 Briefe 11,290–292 (Luther am 10. Februar 1546 an Katharina).

127 Briefe 11,299–301 (Luther am 14. Februar 1546 an Katharina).

128 Briefe 4,88 f. (Luther am 17. Juni 1526 an Spalatin).

129 Briefe 5,377 f. (Luther am 19. Juni 1530 an seinen Sohn Hans. Er war vier Jahre alt Philipp, der Sohn von Melanchthon, und Justus, der Sohn von Jonas, waren viereinhalb Jahre alt).

130 Briefe 5,379 (Veit Dietrich am 19. Juni 1530 an Luthers Frau).

131 Briefe 8,19 f. (Luther am 27. Januar 1537 an seinen Sohn Hans).

132 Briefe 10,134 (Luther am 26. August 1542 an Markus Crodel).

133 Briefe 10,136 f. (Luther am 28. August 1542 an Markus Crodel).

134 Briefe 10,147 (Luther am 16. September 1542 an Markus Crodel).

135 Briefe 10,228 f. (Luther am 26. Dezember 1542 an Markus Crodel).

136 Briefe 10,229 (Luther am 27. Dezember 1542 an seinen Sohn Hans).

137 Briefe 4,511 (Luther am 5. August 1528 an
    Nikolaus Hausmann).
138 Briefe 10,149 f. (Luther am 23. September 1542 an
    Justus Jonas).
139 Vgl. Reinhard Dithmar, Auf Luthers Spuren.
    Ein biographischer Reiseführer, Leipzig:
    Evangelische Verlagsanstalt 2006, 61.
140 Briefe 10,689 f. (Luther am 13. Dezember 1544 an
    Georg Hösel zum Tod seines Sohnes).
141 Briefe 7,128 f. (Luther am 17. Dezember 1534 an
    Fürst Joachim von Anhalt).

ABKÜRZUNGEN

WA
Martin Luthers
Werke. Kritische
Gesamtausgabe,
Band 1–58,
Weimar 1883 ff.

Briefe
Martin Luthers
Werke. Kritische
Gesamtausgabe.
Briefwechsel,
Band 1–15,
Weimar 1930–1978.

TR
Martin Luthers
Werke. Kritische
Gesamtausgabe.
Tischreden, Band,
Weimar 1912–1921.

DB
Martin Luthers
Werke. Kritische
Gesamtausgabe.
Die deutsche Bibel,
Band 1–12,
Weimar 1906–1961.

EKM / EkM
Eure kaiserliche Majestät

**EKFG / E.K.F.G. / E.k.f.g.
/ E.kf.G / E.Churf.G /
E.C.G. / E.C.F.G. / E.C.f.g**
Eure kurfürstlichen
Gnaden

S.Chr.G / S.K.F.G.
Seine kurfürstlichen
Gnaden

Chf.G / k.f.g.
kurfürstliche Gnaden

EFG / E.F.G. / E.f.g. / Ew.f.g
    Eure fürstlichen Gnaden

s.f.g
    Seine fürstlichen Gnaden

E.G.
    Euer Gnaden

E.W.
    Euer Wohlgeboren

D.G.H.
    der gnädige Herr

S.G.
    Seine Gnaden

G.
    Gnaden

G.H.
    gnädiger Herr

Kais. Maj. / Kaiserl. Maj.
    kaiserliche Majestät

M.G.
    meine Gnaden

M. / Mag.
    Magister

N.N.
    ohne Namen Inhalt

ZUM AUTOR

Reinhard Dithmar, Jahrgang 1934, studierte evangelische Theologie, Germanistik, Philosophie und Pädagogik in Marburg, Freiburg, Berlin und Heidelberg. 1971 wurde er als Professor nach Berlin berufen und übernahm 1981 den Lehrstuhl für Literaturdidaktik an der Freien Universität Berlin.

Reinhard Dithmar
Auf Luthers Spuren
Ein biographischer Reiseführer

156 Seiten mit zahlr. Abb., Paperback
ISBN 978-3-374-02360-8
€ 9,80 [D]

Was haben die Orte Eisleben, Möhra, Mansfeld, Erfurt, Eisenach, Wittenberg und Torgau gemeinsam? Sie alle sind Lebensstationen Martin Luthers. Dieser handliche und reich bebilderte Reiseführer ist der ideale Begleiter für eine tatsächliche oder gedankliche Reise auf den Spuren des weltberühmten Reformators.

Die Reiseroute führt dabei vom Familiensitz der Luthers, dem zwischen Eisenach und Bad Salzungen gelegenen kleinen Dorf Möhra über Martin Luthers Geburtsstadt Eisleben nach Mansfeld, wo der junge Martin zur Schule ging. Von dort zog er 1497 ins Thüringische, um zunächst in Eisenach die Lateinschule zu besuchen, dann in Erfurt das Jurastudium aufzunehmen. Die Lebensstationen Erfurt, Wittenberg, die Wartburg in Eisenach sowie die kurfürstliche Residenzstadt Torgau markieren den Lebensweg des Theologen und Reformators Luther.

Dieses Reisehandbuch bietet sowohl eine Fülle an Hintergrundinformationen als auch viel Wissenswertes zu den heute noch zugänglichen touristischen Sehenswürdigkeiten. Als Reiseservice wurden die Anschriften aller Museen mit Kontaktadressen versehen.

EVANGELISCHE VERLAGSANSTALT
Leipzig

www.eva-leipzig.de